Alex Raack mit
Christoph Rickels

SCHICKSALS SCHLAG

Täter, Opfer, Aktivist –
Warum ich der Gewalt den Kampf ansage

Edel Books
Ein Verlag der Edel Germany GmbH

Copyright © 2020 Edel Germany GmbH,
Neumühlen 17, 22763 Hamburg
www.edelbooks.com

Projektkoordination: Dr. Marten Brandt
Lektorat: Dr. Marten Brandt
Umschlagfoto: Sebastian Fuchs
Fotos im Innenteil: © Christoph Rickels privat
Layout und Satz: Datagrafix GSP GmbH, Berlin | www.datagrafix.com
Umschlaggestaltung: 2do Marketing Services GmbH, Hamburg
Druck und Bindung: GGP Media GmbH, Pößneck

Printed in Germany

ISBN 978-3-8419-0721-9

INHALTSVERZEICHNIS

VORWORT

Dinge können zerbrechen. Leben auch.

Manchmal geht das ganz langsam, schleichend, still, so wie bei einer alten Vase. Erst ein kleiner, feiner Fadenriss, der sich langsam, vielleicht über Jahre, vom Boden bis zur Kante frisst. So einen Riss kann man kleben, bevor die Vase zerspringt.

Manchmal kann das Leben aber auch von einer Sekunde zur nächsten komplett in sich zusammenstürzen, zersplittern. Wie eine Vase, die aus der Hand fällt und in Hunderte einzelne Teile zerfällt.

Eine Vase ist dann nicht mehr zu retten, ein Leben ebenso wenig.

Dachte ich jedenfalls – bis ich Christoph kennenlernte.

Anfangs war Christoph ein kleiner Zeitungsausriss. Einer von vielen, wenn wir mit dem Team der TV-Zeitschrift *auf einen Blick* die „Helden des Alltags" suchen. In knorriger Sprache wurde da von einem jungen Mann berichtet, der sich – selbst Opfer einer Gewalttat – gegen Gewalt einsetzt. Nüchtern berichtet, wie die Bekanntmachung einer Ortsgemeinde.

Aber was für ein unfassbares Schicksal verbarg sich hinter diesen sieben Zeilen. Irgendwann sah ich das Video der Tat. Die letzten Schritte, die Christoph als der junge Mann ging, der er einmal war. So ein junger Kerl eben, der sich vielleicht selbst ein bisschen zu toll fand und der vielleicht nach den Sternen griff, ohne zu merken, dass es Seifenblasen waren.

Da geht er also aus der Disco, steht in einer Ecke und dann macht es rumms. Das Video hat keinen Ton, aber diesen Rumms kann man fühlen, bis ins Mark.

Ein Schlag, ein zerstörtes Leben. Eine einfache Gleichung.

Danach ist nichts mehr, wie es war. Von einer Sekunde auf die andere. Aus dem vor Kraft strotzenden jungen Mann, der zur Bundeswehr wollte, wird ein Häufchen

Mensch, das vor der Disco liegt, sein Blut tropft und fließt, leider nicht nur nach außen. Sein Atmen klingt wie das Röcheln eines Sterbenden. Es ist das Röcheln eines Sterbenden.

Irgendwie gelingt es den Ärzten dann doch, ihn zu stabilisieren. Nach vier Monaten im Koma wacht Christoph auf und wird noch einmal geboren. Er kann fast nichts mehr, muss lernen zu sprechen, zu essen, zu laufen. Er ist jetzt einer von denen, über die er sich ganz vielleicht früher und im Geheimen sogar lustig gemacht hätte. Behindert. Zu 80 Prozent. Damit könnte die Geschichte zu Ende sein, aber sie ist es nicht. Es ist der Anfang.

Denn dieser neue Christoph beschließt irgendwann, das zu tun, was er schon immer gut konnte. Für seine Träume zu kämpfen. Und sein größter Traum ist ganz simpel: Keine Gewalt, mehr Respekt. Ein besseres Miteinander. Was für ein schöner Traum, an dem schon so viele kluge Geister grandios gescheitert sind.

Aber Christoph hat einen Vorteil: Er hat das Leben auf seiner Seite. Wenn er sich heute vor eine Schulklasse stellt oder vor Gewalttätern im Gefängnis spricht, dann ist es dieser eine Satz, der ihn unangreifbar macht: „Leute, schaut mich an, und dann seht ihr, wie ein einziger Schlag ein Leben kaputt machen kann."

Seit unserer Auszeichnung für Christoph bei der „Helden"-Gala 2015 ist aus der ersten Bekanntschaft eine Freundschaft entstanden, die mich bereits an einigen Punkten in meinem Leben daran erinnert hat, was wirklich wichtig ist: zu träumen. Denn jeder Schritt und jede Veränderung, einfach alles Gute im Leben beginnt mit einem Traum.

Christoph hat ganz viele davon. Und ist und bleibt mein Super-Held!

Jan von Frenckell, Chefredakteur auf einen Blick *und Initiator der „Helden des Alltags"*

PROLOG

Woran denkst Du gerade, Christoph Rickels?

Was geht Dir durch den Kopf, welche Erinnerungen graben sich durch Dein schwer geschädigtes Gehirn?

Bist Du wieder in dieser Disco und fühlst das Adrenalin durch Deinen Körper rauschen?

Hörst Du Dich reden? Spürst Du, wie Deine Zunge, Deine Lippen, Dein Kehlkopf, Deine Muskeln, Knorpeln, Sehnen, genau das tun, was Du von ihnen verlangst?

Wie Du aufstehst und sich Deine Beine bewegen, exakt, kontrolliert, Dein Organismus ein einziges Schweizer Uhrwerk?

Und wie Du dann, 20 Jahre alt und kerngesund, direkt auf die Katastrophe zusteuerst?

19. Februar 2020. In Raum 3014 des Amtsgerichts Hannover soll heute die Frage geklärt werden, wer schuld daran ist, dass der 22-jährige Tischler-Azubi Aleksei Kreis seit 18 Monaten im Wachkoma liegt.

Christoph holt mich am Hannoveraner Hauptbahnhof ab. Am Vortag war er auf einer Veranstaltung in der Stadt. Rechts und links fliegen die Menschen an ihm vorbei, eilen zum Anschluss Richtung Süden, hetzen zum Termin

Richtung Norden. Große Menschen, kleine Menschen, dicke, dünne, schöne, weniger schöne, Versehrte und Unversehrte. Mittendrin Christoph, ruhig, konzentriert, angespannt. Er ist hier, weil er einen Auftrag hat. Das, was gleich in Raum 3014 verhandelt wird, ähnelt auf geradezu frappierende Art und Weise seiner eigenen Geschichte. Eine Geschichte, in der Gewalt (mal wieder) ein Leben zerstört.

Du warst so stolz auf Deinen Körper. Auf Deinen durchtrainierten Body, geschmeidig, muskulös, voll funktionstüchtig. Ein Foto von damals zeigt einen jungen Gockel mit blondierten Haaren und sonnenstudiogebräunter Haut oben ohne, der lasziv seinen Oberkörper verbiegt, die Arme über dem Kopf verschränkt, damit der Bizeps auch zur Geltung kommt. Flacher Bauch, leicht verklärter Blick, der ganze Typ, gerade volljährig, triefend vor Testosteron.

Der selbstverliebte Poser auf dem Foto, das bist Du. Und auch wieder nicht. Nie im Leben hättest Du damals gedacht, dass es einmal anders werden würde.

Warten im Amtsgericht. Auf den Fall Kreis. Und auf Christophs Kumpel Ricardo Savia, einen früheren Personenschützer, der heute sein Geld mit Selbstverteidigung verdient. Zu dritt passieren wir die Eingangskontrolle.

Christoph hat vergessen, dass sich in seiner Jacke noch seine Tierabwehrpistole befindet. Doch Ricardo kennt den Sicherheitsmann, Selbstverteidigungsbuddys unter sich, die Sache mit der Knarre ist schnell geklärt.

Ein paar Amtsgerichtgänge und -türen weiter wartet Raum 3014 auf das nächste menschliche Schicksal, das hier im Sinne der deutschen Rechtsstaatlichkeit behandelt werden soll. Auf dem Flur eine interessante Menschenansammlung. Im Verhandlungssaal stellt sich dann heraus, wer hier welche Rolle besetzt: Ein Redakteur von der *Bild*-Zeitung, jovial, umtriebig. Daneben sein etwas stämmiger Kollege von RTL, einem Sender, der schon mehrfach über Christoph berichtet hat und dabei nie vergaß, die passende Klaviermusik unter die Nahaufnahme zu legen. Drei Anwälte. Zwei Schöffen. Eine Oberstaatsanwältin. Die beiden Angeklagten. Freunde der Angeklagten. Die Richterin. Und schließlich die Eltern von Aleksei Kreis, dem jungen Mann im Wachkoma, der vielleicht nie erleben wird, wie es wohl ist, alt zu werden. Ein Blick in das Gesicht seiner Mutter reicht, um das ganze Elend dieser Geschichte zu verstehen.

Weißt Du noch, wie Deine Mutter damals an Deinem Bett saß und Dir immer wieder Deinen Song vorspielte, in der Hoffnung, dass die Melodie Dich aus dem Wachkoma befreien würde?

Wie Du beatmet wurdest, weil Du selbst nicht mehr atmen konntest?

Wie Du ernährt wurdest, weil Du Dich selbst nicht mehr ernähren konntest?

Wie die Ärzte versuchten, Deinen Eltern so schonend wie möglich mitzuteilen, dass auch Du vielleicht nie wieder aufwachen würdest?

Ich kann es in Deinen Augen sehen, wie Dich all die bruchstückhaften Erinnerungen überrollen. Erinnerungen an den Christoph vor dieser verhängnisvollen Nacht in der Disco. Den Christoph danach. Die Tat. Den Täter. Die Krankenhäuser. Die Wut, den Hass, die Schamgefühle. Freunde, die zu Fremden wurden. Das große Drama Deines Lebens. Hier, in diesem nüchternen 70-Quadratmeter-Raum, mit den beigen Tischen, den schwarzen Stühlen, den hohen Fenstern und dem Flachbildschirm an der Wand hinter der Richterin, kommt das alles wieder in Dir hoch.

Auf der Anklagebank sitzen zwei junge Männer, gerade 20 Jahre alt, beide in Russland geboren. Der etwas ältere, ein kräftig gebauter Kerl mit breiten Schultern, blondem Bürstenhaarschnitt und etwas zu engem weißen Hemd, ist der Onkel des jüngeren, der sich dazu entschieden hat, lediglich über seinen Anwalt – einem temperamentvoll argumentierenden Mittvierziger mit starkem russischen Akzent – zu kommunizieren.

Die Verhandlung beginnt.

Wir erfahren: Am 2. September 2018 wurde das Opfer Aleksei Kreis vor der Hannoveraner Disco Infinity von mehreren Fausthieben getroffen und schlug anschließend so heftig mit dem Schädel auf den Asphalt auf, dass er sich dabei schwere Hirnschäden zuzog. Die Oberstaatsanwältin zählt die Folgen auf: „Siechtum, Lähmung, geistige Störung. Ohne Aussicht auf Besserung."

Jetzt erzählt der kräftige Bürstenhaarschnitt seine Version des Abends. Man habe einen Geburtstag begossen. Nur feiern wollen. Das Opfer habe böse rüber geschaut, sei aggressiv geworden. Also sei man vor die Tür gegangen. Und dann sei es Kreis gewesen, der den ersten Schlag gelandet habe.

„Und dann kam der Schlag ihres Neffen?", fragt die Oberstaatsanwältin.

„Ja. Ist sofort bewusstlos geworden und zu Boden gefallen. Wie ein Baum."

Wie ein Baum, notiert die Gerichtsschreiberin.

„Wenn mein Mandant gewusst hätte, was an diesem Abend passiert", erklärt der Verteidiger des Neffen, „wäre er nie in die Disco gegangen. Es tut ihm sehr, sehr leid."

In den nächsten Stunden werden verschiedene Zeugen vorgeladen, verschiedene Versionen erzählt. Alles dreht sich um die Frage, wer damals wen provozierte und wer zuerst wen angegriffen hat. Für die Eltern des Opfers muss dieser juristische Eiertanz eine Qual sein.

Christoph ist die ganze Zeit hoch konzentriert. Er fragt sich, während man sich mühsam an der Schuldfrage abarbeitet, was in diesem Fall das Beste für alle Beteiligten wäre.

Wie oft hat er sich diese Frage wohl schon selbst gestellt? Eine eindeutige Antwort auf diese Frage hat er bis heute nicht.

Kurz vor der Mittagspause ruft die Richterin einen jungen Mann in den Zeugenstand, einen Freund des Opfers. Er berichtet. Erinnert sich. Korrigiert sich. Und sagt dazwischen einen Satz, der so wahr ist und gleichzeitig so naiv, dass er all den Irrsinn, der heute verhandelt wird, all die Scheiße, die seinen Kumpel ins Koma beförderte und auch Christoph Rickels zum Krüppel machte, so prägnant zusammenfasst, wie es kein Richter oder Psychologe dieser Welt besser könnte:

„So ist das halt in der Jugend: Da schlägt man sich eben mal."

Christoph nickt. Frau Kreis weint.

Kapitel 1

DINIS

Der letzte Abend Deines Lebens beginnt bei Dirk. Vorglühen für den Abschied. Abschied von Friedeburg, wo es zwar Ortsteile mit Namen „Amerika" und „Russland" gibt, aber die große weite Welt doch ganz woanders liegt. Abschied von einem Leben, das für Dich so begrenzt wirkt wie der nahe Knyphauser Wald.

Deshalb willst Du nach Süddeutschland, um dort als Feldjäger bei der Bundeswehr anzufangen. Warum? Weil Du einen Job machen willst, bei dem Du was zu sagen hast. Und weil man für den gehobenen Dienst bei der Polizei mindestens Fachabi braucht und sie Dich als Berufsfachschüler nicht nehmen wollten.

Feldjäger Rickels säuft Wodka-Energy, um auf Touren zu kommen. Heute ist der 28. September 2007, Du bist 20 Jahre jung, der Abend hat nur auf Dich gewartet – und dann ist da noch Lisa.

Lisa ist so heiß. Tolle Figur, volle Lippen, noch volleres Haar. Genau Dein Typ. Dumm nur, dass sie einen Freund hat. Kai, ein Handballer. Noch dümmer, dass Dir das scheißegal ist. Schon seit Wochen schreibst Du ihr über ICQ. Du hast erfolgreich verdrängt, dass Lisa Dir eigentlich schon gesagt hat, dass ihr nur Freunde sein könnt, weil sie Kai nicht verlassen will. Aber so leicht lässt Du Dich nicht abwimmeln.

Letzte Woche kam es in eurer Stammdisco Twister zu einer merkwürdigen Begegnung. Du warst da, Lisa war da, Kai war da. Vor der Toilette hat er Dich angesprochen: „Würdest Du mit Lisa zusammenkommen wollen, wenn die das auch will?" Blöde Frage. „Ja, das würde ich", hast Du geantwortet. Und dann habt ihr weitergefeiert, jeder für sich. Friedlich.

Du willst seine Freundin haben, unbedingt. Willst mit Lisa roten Korn trinken. Mit ihr über die Tanzfläche fliegen. Zu „Hips Don't Lie" knutschend in der Ecke stehen. Wäre das nicht ein angemessener Abgang für den selbsternannten Obermacker aus Friedeburg?

Red Bull und Wodka fangen an zu wirken. Eigentlich wolltet ihr wieder ins Twister. Aber Lisa ist heute im Dinis, 20 Kilometer weiter westlich. Also auf nach Aurich. Janina ist noch nüchtern, Janina hat ein Auto, Janina kann fahren. Aus dem Radio knallt Musik. Die L34 legt den roten Teppich aus. Rickels, das wird Deine Nacht.

Auf dem Parkplatz vorm Dinis lässt der Bass Deinen Körper vibrieren. Die Türsteher winken euch lässig

Obermacker von Friedeburg: Kurz vor der Tat lässt Christoph noch neue Poser-Fotos fürs Privatarchiv schießen. Sie zeigen einen jungen Mann, der vor lauter Testosteron gar mehr weiß, wohin mit sich.

durch. Du bezahlst, gibt's Deine Jacke ab, spürst die Hitze der Party. Rotwangige norddeutsche Kleinstadtgesichter. Das Klirren der Gläser. Enge Jeans, hohe Schuhe, zu viel Make-up, der Geruch von Fruchtsekt und Axe Moschus.

Da vorne steht sie, am Tresen. Und wenn Du jetzt noch Gewalt über Deinen Körper hättest, würdest Du auch mal woanders hinschauen, als auf ihren perfekt geformten Hintern. Aber Dein Gehirn hat die Kontrolle längst verloren. Also gehst Du zu ihr. Bestellst euch was zu trinken. Machst einen Gag. Genießt ihr Lachen. Und wie auf ihrem Nacken das Licht vom Laser tanzt. Noch einen Drink!

Während ihr so dasteht, kommt einer Deiner Freunde zu Dir. Er will Dich warnen: „Hey, pass auf, ich hab' den Kai gesehen. Der läuft hier rum und beobachtet euch." „Na, dann soll er doch", rufst Du zurück, „wenn er was will, dann kann er ja kommen."

Gedächtnisprotokoll von Kai G. vom 29. September 2007

„Am Abend des Vorfalls habe ich mit meinem Bekannten Simon die Discothek Dinis in Aurich besucht. Christoph Rickels war auch vor Ort. Ich sah ihn bereits von Weitem, habe mir darüber aber keine weiteren Gedanken gemacht. Meine damalige Freundin Lisa war ebenfalls in der Diskothek. Im Laufe des Abends habe ich die beiden, als ich von der Toilette wiederkam, an der Theke sitzen sehen. Ich bin daraufhin zu beiden gegangen, habe sie umarmt und gesagt, dass ich ihnen noch einen schönen Abend wünsche und jetzt losgehen würde. Diese Situation war mir zu viel."

Was ist dann passiert, Rickels? Wer hat was zu wem gesagt? Hast Du den gehörnten Handballer beleidigt? Hat er Dich beleidigt? Hat er Dich aufgefordert, die Sache vor der Tür zu klären? Und warum, zum Teufel, bist Du nicht einfach sitzen geblieben?

Es ist 1:50 Uhr, als Du aufstehst, um Kai nach draußen zu folgen.

Der schmale Flur in den Eingangsbereich mit der Rolltreppe ist der letzte Gang Deines alten Lebens. Der Typ ist auf 180, aber Du bist kalt wie Eis. Obermacker aus Friedeburg. Kai G. wird später zu Protokoll geben, dass Du ihn auf dem Weg nach draußen beschimpfst. Auf den Bildern der Überwachungskamera sieht man, dass Du offenbar ganz ruhig und entspannt die Disco verlässt. In der nächsten Einstellung kommst Du gerade ins Bild gelaufen, als sich Kai G. zu Dir umdreht. Er will und kann nicht warten, bis ihr beide vor der Tür seid. Blitzartig springt er auf Dich zu.

Sein erster Schlag trifft Dich exakt um 1:51 Uhr.

Der menschliche Körper hat 22 Schädelknochen, 15 davon im Gesicht. Kai G.s Faust, von Eifersucht und Wut beschleunigt, trifft Dich am Kinn, lässt Deine Kieferhöhle brechen und macht Dich bewusstlos. Die Wucht reißt Deinen Körper um 180 Grad herum, ungebremst schlägst Du frontal mit dem Gesicht auf dem harten Fliesenboden auf, sechs weitere Knochen brechen. Blut schießt aus Deiner Nase – und noch viel schlimmer: in Deinen Schädel. Innerhalb von Millisekunden reißen in Deinem Kopf verschiedene Blutgefäße, Hirnwasser tritt aus. Im Schädel gibt es nur sehr wenig Raum für austretende Flüssigkeiten, weshalb Dein Gehirn jetzt anschwillt und eingeklemmt wird. Weil Deine Schädelknochen so heftig gegen Deine Hirnmasse geknallt sind, kommt es zu weiteren Hirnblutungen, die ein schweres Schädel-Hirn-Trauma auslösen.

Kai G. hat keine Ahnung von zerbrochenen Kiefer-höhlen und Gehirnquetschungen. Er will Dir bloß die Fresse polieren. Reflexartig verpasst er Dir noch einen weiteren Schlag. Dann haut er ab und lässt Dich liegen. Den jungen Mann, der bis eben noch Christoph Rickels war.

Zeugenvernehmung des Kai S. vom 18. Oktober 2007

„Ich bin Angestellter der Diskothek Dinis und versah an diesem Abend Aufsicht. Nach der Schlägerei eilte ich sofort zu der liegenden Person. Die lag nach wie vor regungslos am Boden und war nicht ansprechbar. Ich sprach sie an und habe den Puls gefühlt. Bei der Begutachtung stellte ich fest, dass sie heftig am Kopf blutete. Sofort eilte ich in den Diskothekenbereich hinein, um einen Lappen zu holen, damit diese Person etwas gereinigt werden konnte und nicht weiterhin im Blut liegen musste. Des Weiteren habe ich an der Kasse Bescheid gegeben, dass ein Krankenwagen gerufen werden soll. Ich entfernte die Person an einen etwas unauffälligeren Ort und legte sie dort ab. Ich verblieb dort bis zum Eintreffen der Polizei und des Rettungsdienstes.

Auf Nachfrage kann ich noch angeben, dass vor der Tür ein Mädchen stand, welches mir vom Sehen bekannt ist. Dieses sagte immer wieder: ‚Das tut mir leid.‘ Von anderen Schaulustigen brachte ich in Erfahrung, dass dieses Mädchen die Freundin des Schlägers ist. "

Da liegst Du nun, Rickels, kaputt geschlagen auf den Fliesen vor einer Provinzdiskothek, während Dir ein Türsteher Blut aus dem Gesicht wischt. Unverwundbar hast Du Dich gefühlt, als Du heute Abend die Tür zum Dinis aufgestoßen hast. Und doch liegst Du jetzt hier, die Augen halb geöffnet wie ein Betrunkener, der seinen Rausch im Graben ausschläft. Wenn man ganz genau hinhört, kann man Dich sogar schnarchen hören. Aber Du schnarchst nicht. Du röchelst. Wer kann schon ahnen, dass bereits in diesem Moment die ersten Zellen in Deinem Gehirn für immer den Geist aufgeben? Schließlich bist Du schon ein paarmal K. o. gegangen und jedes Mal wieder aufgewacht. Als die Sanitäter kommen, Dich auf eine Trage schnallen und in den Bauch ihres Krankenwagens schieben, schreibt einer Deiner Jungs eine SMS an den Rest Deiner Clique: „Rickels hat aufs Maul bekommen. Ist bewusstlos umgefallen. Fahren jetzt ins Krankenhaus."

„Typisch Christoph", schreibt einer zurück, „der ist morgen wieder fit!"

Mit Blaulicht fahren sie Dich in die nahe Ubbo-Emmius-Klinik.

Es ist drei Uhr morgens, als bei Deiner Mutter Gesa das Telefon klingelt.

„Frau Rickels, ihr Sohn ist eine Schlägerei geraten und liegt im Krankenhaus."

Die erste Reaktion Deiner Mutter: Nicht schon wieder. Erst vor ein paar Monaten bist Du entgegen der klugen Ratschläge Deiner Kumpels mit einem Hollandrad durch eine Halfpipe gefahren. Das Rad kam danach auf die Müllkippe, Du ins Krankenhaus. Gesa muss morgen wieder früh raus, und jetzt soll sie wegen einem blauen Auge mitten in der Nacht nach Aurich fahren?

Wie sehr hat sich Deine Mama in all den Jahren danach gewünscht, dass es wirklich nur ein blaues Auge gewesen wäre. Stattdessen steht sie fassungslos vor Deinem Bett auf der Intensivstation und muss erfahren, dass Du mit einem schweren Polytrauma im Koma liegst. Wie schlimm ist es? Wann wird er wieder aufwachen? Was passiert denn jetzt? Niemand kann Deiner Mutter zu diesem Zeitpunkt genaue Auskunft geben.

Im Wartezimmer ist sie ganz alleine mit ihrer Panik, während Du auf Station 14 schon wieder in die nächste Auseinandersetzung geraten bist. Rickels, wer hat jetzt die dickeren Eier? Du oder der Tod?

Deine Eltern sind schon lange getrennt, aber natürlich ruft Gesa nun Helmut an. Doch Dein Papa hat was getrunken und vermutlich übersteigt es seine Vorstellungskraft, dass Dir wirklich etwas so Schreckliches zugestoßen sein könnte. Draußen hat es zu regnen begonnen, der ewige ostfriesische Wind peitscht das Wasser gegen die Scheiben. Und was in diesen Sekunden von entscheidender Bedeutung ist: Er verhindert, dass der Rettungshubschrauber starten kann, um Dich in die Neurochirurgie des Meppener Ludmillenstifts zu fliegen.

Wenigstens bekommt Deine Mama jetzt Unterstützung. Helmut ist doch noch aufgetaucht, sein Schwager hat ihn gefahren. Weinend stürzt sich Deine Mutter in die Arme ihres Ex-Mannes, und wenn Du jetzt nicht gerade mit dem Tod ringen müsstest, und wenn das hier nicht um vier Uhr morgens im Wartezimmer eines Krankenhauses passieren würde, und wenn es Tränen der Freude und nicht der Panik und nackten Angst wären, dann würde Dir das vermutlich sehr gefallen.

Von der Ubbo-Emmius-Klinik bis ins Ludmillenstift braucht man knapp eine Stunde und 20 Minuten. Mit dem Auto. Zeit, die Du nicht hast. Doch der verdammte Helikopter kann nicht starten, das Wetter wird immer schlechter. Endlich treffen die Ärzte eine Entscheidung. Mit dem Krankenwagen bringen sie Dich über die A31 nach Meppen. Das Wettrennen um Dein Leben hat begonnen.

Wie viel wird von diesem Leben noch übrig sein?

Kapitel 2

FRIEDEBURG

Auf der Fahrt nach Jugoslawien im Sommer 86 merkt Deine Mutter, dass irgendetwas nicht mit ihr stimmt. Diese Hitze. „Helmut", sagt sie, „mir ist ganz komisch." Wären wir doch besser an die Nordsee gefahren, denkt sich Helmut. Aber Gesa hat ihm seit Monaten in den Ohren gelegen: „Wir müssen mal raus, müssen was erleben, müssen die Welt sehen!"

Im Vergleich zu Gesa ist Helmut ein eher konservativer Mensch. Er ist in Friedeburg zur Schule gegangen, hat hier seine Ausbildung zum Elektriker gemacht, und eigentlich spricht doch nichts dagegen, das ganze Leben an diesem Flecken Erde zu verbringen. Montag bis Freitag arbeiten, Samstag die Füße hoch, Sonntag zum Essen bei den Eltern. Ein ruhiges, sicheres Leben.

Gesa ist anders drauf. Sie war erst drei, als ihr eigener Vater starb. Elfmal ist sie in ihrer Kindheit umgezogen. Ihr Stiefvater war ein verrückter Vogel, ein Discjockey, immer unterwegs. Einmal brachte er Gesa einen Affen mit, den ihm irgendein Typ in der Kneipe geschenkt hatte. Ein paar Jahre später stand auf einmal ein Pony vor der Tür. Ein lieber Kerl. Aber auf Dauer nicht der Richtige für Gesas Mutter. Ein halbes Jahr nach der Trennung nahm er sich das Leben.

Der neue Partner Deiner Großmutter war erst Mitte 20, und damit viel zu jung und unerfahren, um eine Familie mit vier Kindern durch so schwierige Zeiten zu steuern. Er trank zu viel, ging auf Entzug und manchmal, wenn es ganz schlimm wurde, bekam er diese furchtbaren Wutanfälle. Einmal riss er nach einem Streit die komplette Toilettenspülung von der Wand. Gesa wollte irgendwann nur noch weg. Mit 15 lernte sie Helmut kennen. Der war zu diesem Zeitpunkt schon 20, und der Altersunterschied gab Gesa das Gefühl, dass von nun an jemand da war, der auf sie aufpasste. Und genau das hatte Helmut vor: arbeiten, sparen, aufpassen.

Als Deine Mutter im Auto nach Jugoslawien sitzt und ihr so komisch wird, da ist sie keine 15 mehr. Sondern eine junge Frau, die sich ins Leben stürzen möchte. Ohne Rücksicht auf noch abzuzahlende Wohnzimmergarnituren oder getrimmte Gartenhecken.

Zu Hause in Waddewarden, zehn Kilometer von Jever entfernt, stellt sie dann fest, dass sie schwanger ist. Im ersten Moment haut sie das ganz schön aus den Socken.

Vielleicht weil sie da schon ahnt, dass die große Freiheit in einem 8000-Einwohner-Örtchen namens Heidmühle endet.

Hier wächst Du nach Deiner Geburt am 25. Februar 1987 auf. In einem Haus, für das Dein Vater seinen Bausparvertrag auflöst und sein Motorrad verkauft und Deine Mutter ihre Träume von großen Abenteuern begräbt. Die verschiedenen Wertvorstellungen führen zwangsläufig zu Problemen. Wie bei jener Geburtstagsfeier, für die Gesa Kuchen backt, den Tisch eindeckt und sich auf einen entspannten Nachmittag freut – und Deine Oma die Männer nach dem ersten Kaffee in den Garten schickt, um die Bäume zu beschneiden. Gut möglich, dass es Deine Oma gut meint, bei Deiner Mutter löst sie damit nur Frustration aus. Am liebsten wäre Gesa in diesem Moment ganz woanders. Nur nicht hier, in dieser kleinbürgerlichen Enge.

Das kann nicht lange gut gehen. Tut es auch nicht. Als Du drei Jahre alt bist, trennen sich Deine Eltern. Für Dich ist das der erste Knock-out Deines Lebens. Vielleicht sogar der Schlimmste. Denn von diesem Schlag hast Du Dich bis heute nicht richtig erholt.

Gesa nimmt sich damals eine kleine Wohnung in der Nähe, beginnt ihre Ausbildung zur Sozialarbeiterin und geht dreimal die Woche in der Disco kellnern, um über

Wonneproppen.
Baby Christoph noch gänz-
lich unschuldig auf einem
frühen Kinderportrait. Doch
das Glück der kleinen Familie
währt nicht lange.

die Runden zu kommen. Für Helmut ist die Trennung furchtbar.

Noch schlimmer ist das alles für Dich. Wie soll ein kleiner Junge denn schon begreifen, dass Mama und Papa nicht mehr zusammenwohnen? Dass sie zwar Mama und Papa sind, aber nicht mehr Mann und Frau? Und deshalb willst Du es auch nicht akzeptieren, als Dir beide irgendwann ihre neuen Partner vorstellen. Bei der Hochzeit von Gesa mit Deinem Stiefvater Michael kommt es zu einer herzergreifenden Szene, als Du der Standesbeamtin über den Mund fährst: „Das geht nicht! Mama ist doch schon mit Papa verheiratet!"

Armer, kleiner Rickels. Du bist nicht der Erste, dem die Trennung der Eltern das Herz zerreißt. Und garantiert nicht der Letzte. Ist halt immer die Frage, wie man es anschließend schafft, so ein kaputtes Herz wieder zu reparieren.

Gesa und Michael bekommen sieben Jahre nach Deiner Geburt eine Tochter, die sie Pia nennen. Auch Helmut wird noch einmal Vater. Mit seiner neuen Frau Meike bekommt er seinen zweiten Sohn und nennt ihn Sascha. Für Deine Halbgeschwister bemühst Du Dich, ein guter großer Bruder zu sein, aber gleichzeitig wirst Du das Gefühl nicht los, vergessen zu werden.

„Mama hat ein Baby, Papa hat ein Baby", vertraust Du Dich Deiner Großtante Fita an, „und mich hat keiner lieb!"

„So ein Quatsch, Goldi. Jeder hat Dich lieb", sagt Fita.

„Nein", antwortest Du, „Ich muss immer nur groß sein."

Nix Halbes, nix Ganzes, nennst Du das heute. Und so verbringst Du einen Großteil Deiner Kindheit damit, darüber nachzudenken, dass Du Dich nirgendwo so richtig dazugehörig fühlst. Dass Du keine eigene Familie hast, sondern nur das Produkt einer gescheiterten Beziehung zu sein scheinst. Ein komisches Gefühl auf der Fahrt nach Jugoslawien.

Und dann kommst Du zu allem Übel auch noch in die Pubertät. Auf der Suche nach einer Identität versuchst Du, die Balance zwischen zwei Familien zu halten, und

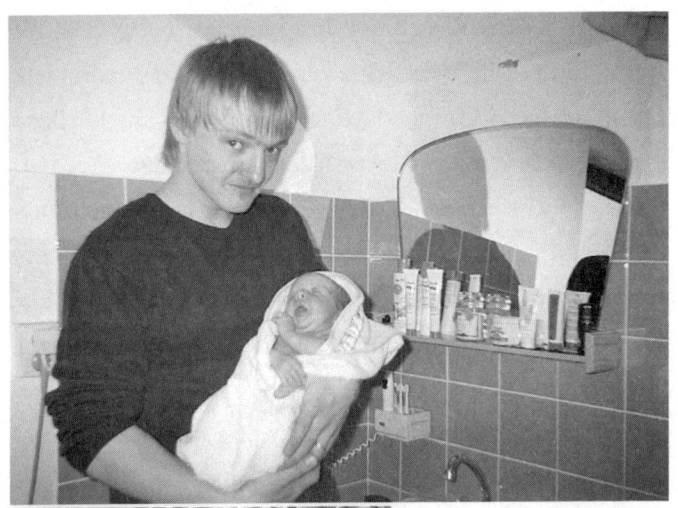

Christoph in den Armen seines Vaters Helmut. Helmuts zweiter Sohn Sascha sagt: „Von ihm hat Christoph seinen Gerechtigkeitssinn." Nach der Trennung wächst Christoph bei seiner Mutter Gesa auf.

für so was ist kein Pubertierender auf dieser Welt geeignet. Deinen Geburtstag feierst Du zweimal, weil die Familien Deiner Elternteile mit den Jahren immer schlechter miteinander auskommen. Es macht Dich traurig, dass scheinbar jeder andere Mensch auf diesem Planeten zu Weihnachten mit der ganzen Familie unterm Christbaum sitzt, während Du so etwas nur aus Erzählungen kennst.

Du wohnst bei Deiner Mutter und verbringst die Wochenenden häufig bei Deinem Vater, der nur ein paar Kilometer entfernt lebt und Dir doch manchmal so fern zu sein scheint. Jedes Mal, wenn er in den Urlaub fährt, hoffst Du darauf, dass er Dich mitnimmt. Und bist jedes Mal todtraurig, wenn das nicht passiert.

Warum hast Du der Liebe so sehr hinterherlaufen müssen? Der Gedanke daran beschäftigt Dich bis heute.

Mit Deiner Mutter fechtest Du derweil stundenlange Machtkämpfe aus, und wenn es ganz schlimm wird, verschwindest Du einfach zu Deinem Vater. Einmal donnerst Du minutenlang mit dem Rasenmäher gegen den ihren Zaun, um gegen die Gartenarbeit zu demonstrieren, und flüchtest nach dem darauffolgenden Streit zu Deinem Vater. Was Deine Mutter rasend macht.

Was haben all diese Streitereien und Unstetigkeiten mit Dir gemacht? Waren Sie die Ursache für alles, was danach passierte?

Oder sind die Gründe für die sich anbahnende Katastrophe eher abseits Deines Familienlebens zu finden? Auf dem Bolzplatz, in der Schule, auf den Schützenfesten?

Bevor Du anfängst, an Deinem Image als Obermacker von Friedeburg zu arbeiten, suchst Du wie jedes Kind in Deinem Alter nach Halt, nach einer Gemeinschaft, die Dir den Rücken stärkt. Du findest Sie in der Schule, wo Du schon in der Orientierungsstufe Schülersprecher wirst, und auch beim Fußball. Mannschaftskapitän Christoph Rickels, wie klingt das? Ganz nach Deinem Geschmack.

Und doch wirst Du das Gefühl nicht los, dass Du Dir Liebe und Zuneigung erst verdienen musst. Gut möglich, dass Du deshalb im Alltag ständig nach einer Bühne suchst. Da trifft es sich sehr gut, dass Dir das Talent für Musik quasi mit in die Wiege gelegt wird. Die Brüder Deiner Mama zeigen Dir, wie man Schlagzeug und Keyboard spielt, die richtigen Gitarrengriffe bringst Du Dir einfach selbst bei. Musik wird zu Deinem Ventil und vermittelt Dir das Gefühl von Freiheit und innerer Stärke. Dein Kumpel Wasili sagt heute: „Der konnte die Instrumente nicht nur spielen, der hat die gefühlt." Später gründet ihr sogar eine Band zusammen, Wasili und Du: die Wheet Stones. Wasili ist übrigens einer der wenigen Freunde, mit denen Du Dich in Deinem neuen Leben nicht zerstritten hast.

Glückliche Zeiten: Mit Stiefpapa Michael beim Drachensteigen und als Nachwuchsrocker mit Gitarre. Die Liebe zur Musik wird Christoph vor allem von seinen beiden Onkeln übertragen.

Schon merkwürdig, wie die Erinnerungen Deiner früheren Wegbegleiter auseinandergingen, als sie für dieses Buch befragt wurden. Einer hat sich an gemeinsame Radtouren und Zeltlager am See erinnert, dann allerdings behauptet, dass Du spätestens ab der 10. Klasse die meisten Dinge nur aus Eigennutz getan hättest. Ein anderer fand Dich sehr sympathisch – bis Du anfingst, Dich regelmäßig in irgendwelche Schlägereien zu stürzen.

Mit Helge und zwei anderen Freunden hebst Du damals sogar ein gemeinsames Projekt aus der Taufe: Rockelz.de nennt ihr eure Homepage, auf der dann Fotos von den Partys und Schützenfesten aus der Region veröffentlicht werden.

Wasili von den Wheet Stones lernst Du bei einer Klopperei kennen. Nach einer verbalen Auseinandersetzung triffst Du Dich mit einem seiner Jungs zum Eins-gegen-Eins im Wald. Wer damals als Sieger vom Feld geht, kann Wasili heute gar nicht mehr sagen, aber was er nicht vergessen wird: Wie respektvoll Du trotz der Keilerei mit Deinem Kontrahenten umgegangen bist. Mensch, denkt sich Wasili, da ist einer, der sich gerade macht und auch noch Anstand hat.

Die Einstellung zum Leben und die Liebe zur Musik lassen euch zu engen Freunden werden. Wasili bewundert Dich vor allem für Dein musisches Talent. Einmal

Endlich Wochenende: Seine Jugend verbringt Christoph wie jeder andere aus seiner Generation in Partykellern und auf Schützenfesten. Der Teenager ist beliebt – und sucht doch die ganze Zeit nach Anerkennung.

benötigt ihr für die Band einen neuen Schlagzeuger, und als Du beim Vorspielen nicht ganz einverstanden bist, greifst Du Dir einfach selbst die Sticks und feuerst aus dem Stand ein Solo ab.

Wasili erinnert sich: „Der Christoph, das war einer, der nie den Mund gehalten hat, wenn aus seiner Sicht etwas falsch oder unfair gelaufen ist. Der wollte immer für das Gute einstehen. Und zur Not auch kämpfen. Manchmal ist er dafür mit dem Kopf durch die Wand gerannt."

Macker und Macher zugleich, so hast Du Dich selbst in Erinnerung. Viel weißt Du nicht mehr von früher, die

Verletzungen in Deinem Kopf waren so schwer, dass viele Erinnerungen einfach gelöscht sind. Deshalb kannst Du heute auch nicht sagen, wann das schlimmer wurde mit den Schlägereien. Und vor allem: Wie es überhaupt dazu kommen konnte, woher die Wut kam. Das Leben als Teenager kann ganz schön kompliziert sein. So viele neue Wege, die es zu beschreiten gibt, und dabei so viele Sackgassen. Aber nicht jeder drückt seinen Frust darüber mit der Faust aus.

Der Macher in Dir lässt sich erst zum Klassen-, dann zum Schulsprecher wählen. Weil Du was bewegen willst. Wie in dem Theaterprojekt, wo ihr euch in Deinem ersten Stück doch tatsächlich mit dem Thema Gewalt beschäftigt. Die *Ostfriesen-Zeitung* bringt darüber sogar einen Artikel. Auf dem Foto sieht man Dich lächelnd die Faust ballen. Warum Du dieses Stück so spannend findest, möchte die Redakteurin von Dir wissen. Und Du antwortest: „So mit Gewalt und so, das fand ich interessant."

Du setzt Dich gerne für Deine Mitmenschen ein. Deshalb die Disco-AG, bei der Du die Wartung der Anlage übernimmst. Deshalb die Gründung der „Fburg-City-Boyz", Deine Teenager-Bürgerwehr mit Wasili, weil ihr zwei es satthabt, dass die Schläger aus dem Nachbardorf eurer Clique jede zweite Party versauen und auch noch eure Roller zu Klump treten.

Du bist ein politischer Mensch, was ja an sich gut ist, aber welcher Teufel reitet Dich nur, dass Du mit 17 für kurze Zeit der NPD beitrittst und mit langem Ledermantel und kurzen Haaren Plakate klebst? „Wenn ich das mal wüsste", sagst Du heute kopfschüttelnd. Deine Freunde glauben, dass die Nazis Deine Naivität ausgenutzt haben, Deinen Wunsch, Dinge zu verändern. „Vielleicht wollte er einfach provozieren", glaubt Deine kleine Schwester Pia, der Du damals ganz schön peinlich bist. Oder ist es so, wie es „Die Ärzte" viele Jahre zuvor schon besungen haben? Dass der braune Spuk auch bei Dir eigentlich ein stummer Schrei nach Liebe ist?

Nach einiger Zeit entsorgst Du den Ledermantel, lässt die Haare wieder wachsen und gründest kurz darauf den Regionalverband der Jungen Union. Für die kurze, aber dunkle NPD-Phase schämst Du Dich bis heute.

Die Sehnsucht nach Anerkennung ist damals geblieben. Also bretterst Du mit Deinem Opel Corsa über die Landstraßen, gehst pumpen im Fitnessstudio, machst auf dicke Hose. Aus dem Macher wird immer mehr ein Macker.

Du bist Rocker und Romantiker. Versschreiber und Veilchenverteiler. In Deine große Jugendliebe Eva verknallst Du Dich so sehr, dass Du den Schmerz bis heute fühlen kannst. Irgendwas geht in Dir kaputt, als sie eure Beziehung beendet.

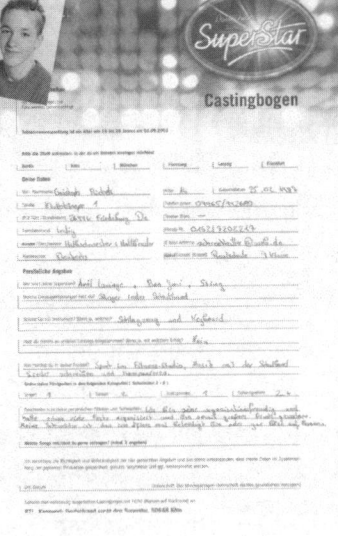

Sonnyboy Christoph im Sommerurlaub an der Seite von Stiefvater Michael und an der Schwelle zur Weltkarriere. Trotz der beeindruckenden musikalischen Fähigkeiten kommt ein Casting für „Deutschland sucht den Superstar" nicht zustande. Interessant ist seine Einschätzung der eigenen Schwächen: „Öfters mal beleidigt oder gar böse auf Personen."

Vielleicht wäre eine gute Freundin an Deiner Seite zu diesem Zeitpunkt eine große Hilfe gewesen, doch die Beziehung zu Deiner Schulfreundin Sandra hat spätestens dann einen Knacks abbekommen, als Du irgendwann mehr von ihr wolltest als gemeinsam Smirnoff Ice zu trinken, heimlich hinter der Sporthalle eine zu rauchen und über das Leben zu sprechen. Von da an ging es mit eurer Freundschaft bergab. Ein Verlust, nicht nur für Dich, sondern auch für Sandra, die Dich als tollen Kumpel und besonderen Menschen in Erinnerung hat.

Immer hemmungsloser stürzt Du Dich in Auseinandersetzungen, immer wilder reagierst Du selbst auf kleinste Provokationen. Manchmal braucht es nicht mal die, sondern nur falsch verstandenen Beschützerinstinkt. Auf dem Schützenfest schlägst Du einen Jungen brutal nieder, nur weil er Deiner kleinen Schwester ein Bier ausgeben wollte. Ein anderes Mal willst Du gar nicht mehr aufhören, auf Dein Opfer einzuschlagen. Erst zu dritt schafft man es, Dich wegzuziehen. Und zu Hause schlägst Du im Streit Löcher in die Rigipswand.

Was war nur los mit Dir, Rickels? Welchen Schmerz hast Du damals in Dir ertragen müssen? Pia hat es nicht verstanden, dass ihr sonst so liebevoller Bruder so sehr die Kontrolle verlieren konnte. Später, als sie Dich auf der Intensivstation liegen sah und ihr niemand sagen konnte, ob Du jemals wieder aufwachen würdest, hat sie oft daran denken müssen, dass auch Du so manches Mal nur kurz davor warst, einen Menschen ins Koma zu prügeln.

Nur wenige Monate vor dem verhängnisvollen Abend im Dinis nimmt Dich einer Deiner Jungs nach einer weiteren Schlägerei zur Seite. Er ist wütend, weil auch er nicht begreifen kann, warum Du solche Dinge tust. „Irgendwann findest Du Deinen Meister", brüllt er Dich an, „und stehst vielleicht nie wieder auf!"

Nie wieder wird es so sein, wie es einmal war: Christoph gemeinsam mit seiner Schwester Pia. Einige Jahre nach dieser Aufnahme sieht Pia ihren Bruder auf der Intensivstation liegen und um sein Leben kämpfen.

Kapitel 3

KOMA

15. November 2007
Polizeiinspektion Aurich
Fachkommissariat 1
Vorgangsnummer 200701398251-001
Betr.: Der gegenwärtige Gesundheitszustand des Christoph Rickels

Rücksprache mit der behandelnden Ärztin. Frau Dr. bezeichnet den Gesundheitszustand des Christoph Rickels nach wie vor als unverändert ernst. Die Möglichkeit des Ablebens des Opfers ist immer noch gegeben. Frau Dr. sinngemäß: „Falls sich eine Besserung des Gesundheitszustandes einstellen sollte, dann kann es trotzdem noch Monate dauern, bis einfachste Kommunikationen zum Patienten aufgebaut werden können. Herr Rickels wird gesundheitlich nie wieder vollständig hergestellt werden."

Was für eine riesengroße Scheiße, Rickels! Kaputt geschlagen hat er Dich. Eben noch hast Du mit einer schönen Frau auf Deine Zukunft angestoßen, jetzt liegst Du hier, auf der Neurochirurgie des Meppener Ludmillenstifts, angeschlossen an Schläuche und Geräte, weil Dein zerstörtes Gehirn die Arbeit eingestellt hat. Deine schönen Muskeln, aufgepumpt, geschmeidig und geil, lösen sich langsam auf, wie die Schaumkrone auf einem frisch gezapften Pils.

Wann wirst Du Dein nächstes Bier trinken können? Wieder eigenständig auf die Toilette gehen? Selbst atmen können?

Es sieht gar nicht gut aus, Rickels. Noch am Tag Deiner Einlieferung nach Meppen müssen die Ärzte Löcher in Deinen Schädel bohren, damit der Druck entweichen kann. Der Kampf um Dein Leben hat begonnen.

Währenddessen wird Deine Schwester Pia zu Hause in Friedeburg wach und wundert sich, weil niemand da ist. Kurz darauf steht ihre Tante vor der Tür: „Der Christoph ist in eine schlimme Schlägerei geraten und liegt im Krankenhaus." Nicht schon wieder!, denkt Pia. Na, hoffentlich hat er sich nichts gebrochen.

Zwei Stunden später steht die 13-jährige fassungslos vor einem Bett, in dem angeblich Christoph liegen soll. Aber die Gestalt, die da mit geschlossenen Augen, kahl rasiertem Schädel und geschwollenem Gesicht mit einem Beatmungsschlauch im Mund regungslos auf der Matratze liegt, hat so wenig mit ihrem großen Bruder zu tun, dass allein dieser Gedanke schon wahnsinnig weh tut.

Einen Tag später klingelt im Kluthkämpe 1 das Telefon. Deine Schwester nimmt den Hörer ab.

„Rickels, hallo?"

„Hier ist Kai", sagt eine zittrige Stimme. Ein Schluchzen. Es ist tatsächlich der Täter aus dem Dinis.

„Es tut mir so leid!" Jetzt muss er anfangen zu weinen. Und Deine Schwester ist vollends überfordert.

„Meine Eltern sind gerade nicht hier." Mehr fällt ihr in diesem Moment nicht ein.

Als sie das Gespräch beendet hat, noch immer diese Stimme im Ohr, weiß sie nicht, ob sie traurig, wütend oder beides ist. Der soll sich nicht entschuldigen, sagt sie sich. Das wird eh nicht wieder gut.

Nach zwei Tagen im Koma versuchen die Ärzte im Ludmillenstift, Dich aufzuwecken. Aber der Versuch misslingt. Die Verletzungen sind offenbar schlimmer als gedacht. „Sie müssen damit rechnen", sagt der Arzt zu Deinen Eltern, „dass ihr Sohn vielleicht nie wieder wach wird."

Doch Deine Mutter weigert sich, solche Gedanken überhaupt zuzulassen. Sie will, dass Du anfängst zu kämpfen, sie will, dass Du irgendwann aus diesem verdammten Bett aufstehen kannst, sie anstrahlst und ihr sagst, dass es Dir gut geht. Sie will ihren Sohn zurück. Und deshalb verdrängt sie jetzt diese furchtbaren Nachrichten der Mediziner, ignoriert die lebenserhaltenden Maschinen und nimmt sich fest vor, mit bestem Beispiel voranzugehen. Kraft und Hoffnung, sagt sie sich, können eine positive Wirkung haben. Ganz besonders bei Dir.

Wenig später stirbt Dein Zimmergenosse. Ganz schlechtes Karma, denkt sich Gesa. Doch irgendwie schafft es Deine Mutter, die Hoffnung nicht zu verlieren.

Das Krankenhaus in Meppen macht es ihr nicht leicht. Das Personal scheint chronisch unterbesetzt zu sein und schickt selbst die Angehörigen in der Mittagspause nach draußen – Vorschrift. Einmal kommt Deine Mutter danach wieder in Dein Zimmer und sieht Dich in einer großen Blutlache liegen. Die Verletzungen in Deinem Kopf haben eine Spastik ausgelöst, und offenbar hast Du Dir bei einem Krampfanfall die Nadeln aus dem Arm gerissen. Noch etwas stört Gesa: Obwohl Du nur mit einem kleinen OP-Hemdchen bekleidet bist, lassen die Schwestern dauernd das Fenster auf, um durchzulüften. „Mein Sohn friert, wenn es hier drin so kalt ist", beschwert sie sich. Sie hat Angst, dass Du Dir eine Lungenentzündung zuziehst, die Dir in Deiner Situation das Leben kosten könnte. Bei ihrem nächsten Besuch klebt ein Zettel am Fenster: „Bitte nicht mehr lüften, wenn Frau Rickels da ist."

Draußen wird es langsam Herbst. Die Feldjäger Deiner Einheit sind bereits zum Dienst angetreten. Du solltest jetzt eigentlich bei ihnen sein. Was würdest Du dafür geben, in einem stickigen Sechs-Mann-Zimmer aufzuwachen, um Dich von einem mürrischen Spieß durch die Gegend scheuchen zu lassen. Die Nachricht über Deinen Zustand hat längst die Runde in Deinem Freundeskreis gemacht. Für sie alle geht das Leben weiter, während Deines immer noch am seidenen Faden hängt.

War es nicht erst gestern, als Du Deine Schwester mit dem Auto durch die Stadt gefahren hast, aufgetankt voller Energie und Zuversicht? Jetzt fürchtet sie die Besuche in Meppen, weil vor ihr nur noch ein lebloser Körper liegt, dem man den Speichel mit einem Schlauch absaugen muss. Und auch vor Deinem Peiniger liegt eine mehr als ungewisse Zukunft. Dein Anwalt hat bereits das Schreiben für den Strafantrag wegen des Verdachts auf schwere Körperverletzung vorbereitet.

Du bekommst von alldem nichts mit. Oder doch? Niemand weiß, was genau während eines Wachkomas im menschlichen Gehirn vor sich geht. Deine Familie und Deine Freunde glauben fest daran, dass Du sie hören kannst. Irgendwo, ganz weit entfernt. Deshalb sprechen sie viel mit Dir, wenn sie zu Besuch sind. „Goldi", sagt Deine Großtante zu Dir, während sie Deine Hand hält, „Du musst jetzt mithelfen, dass Du bei uns bleibst."

Und sie alle spielen Dir Musik vor, weil das Dein Leben war und das Leben noch nie so wichtig erschien, wie in diesen traurigen Wochen. Vielleicht, so glauben Deine Leute, hilft es, wenn Sie einen Song spielen, den Du selbst geschrieben hast. Einige Zeit vor Deinem Abschiedsabend im Dinis hast Du ein Abschiedslied komponiert und eingesungen. Es geht um die Liebe zu einer Frau und wie schmerzhaft der Verlust dieser Beziehung für Dich ist. Geht es um Eva, die Frau Deiner Träume? Aber Eva ist jetzt nicht hier, nur Du, gefesselt und verkabelt in diesem Krankenhausbett. Und so scheint es, als hättest Du dieses Lied damals für keinen Geringeren geschrieben, als für Dich selbst. Er heißt „Mut zum Leben":

Es ist der Mut, der mir die Kraft zum Leben schenkt
Es ist die Sonne, die mich Tag für Tag durchs Leben lenkt
Ich bin jetzt stark genug, Mensch mach doch, was Du willst
Wenn Du Dich dadurch ehrlich so viel besser fühlst
Ich denk jetzt mehr an mich, das tat ich vorher nicht
Es war die Angst davor, dass mir dadurch mein Herz zerbricht
Ich schaue in den Spiegel, sehe mein Gesicht
Es fällt mir von den Augen, was hier grad zerbricht
Ein Mensch, wie er einst mal war
Ist ab dieser Sekunde nun nicht mehr da

Liebe Mama

Ich wünschte mir so sehr, dass ich vielleicht ein anderer Mensch wäre. Fleißig und mit viel Durchhaltevermögen. Und oft nehme ich mir vor mich zu ändern, doch es klappt nicht. Ich schreibe Dir jetzt weil ich möchte das es nicht falsch betont rüber kommt. Ich liebe euch so sehr und Irgendwann wenn ich dazu im Stande bin werde ich versuchen euch das wieder zu geben was ich heute von euch bekomme. Ich sitze hier und weine weil ich nicht mehr weiß wer ich bin. Ich sehe meine Mutter, wie Sie versucht Ihr Unwohlsein wegzuarbeiten. Ich beobachte das es Ihr von Tag zu Tag schlechter geht weil die Belastung so hoch ist. Und ich sehe mich im Spiegel, einen „Ihren" 20-jährigen Sohn, der dafür zu sicht und noch weitere Belastung liefert. Ich bin euch so dankbar, dass Ihr für mich da seid und ich bitte um Verzeihung das ich es euch nicht zeigen kann.

Ich liebe Euch

Euer Christoph

„Weil ich nicht mehr weiß, wer ich bin… " Kurz vor der Tat schrieb Christoph seiner Mutter einen Brief. Es sind die Worte eines zerrissenen jungen Mannes, der nicht ahnt, was das Schicksal noch für ihn bereithält.

Immer und immer wieder spielen sie diesen Song. Neurochirurgie-Dauerschleife. Ein Mensch, wie er einst mal war, ist ab dieser Sekunde nun nicht mehr da.

Deine Freunde haben sich für Dich etwas ganz Besonderes ausgedacht. Initiiert von Deinem besten Kumpel sprechen mehr als 20 Leute eine Audiobotschaft ein, unterlegt werden die berührenden Worte mit der Filmmusik aus *Gladiator*. 30 Minuten lang bitten Dich Deine Leute, dass Du endlich wieder aufwachst.

Am 7. November, 40 Tage nach der Nacht im Dinis, ist Deine Zeit im Ludmillenstift beendet. Die gute Nachricht:

Du lebst. Die schlechte: Noch immer kann niemand sagen, ob Du jemals wieder richtig aufwachen wirst. Von Meppen wirst Du ins Neurologische Rehabilitationszentrum Friedehorst in Bremen verlegt. Station C, Neurologische Frührehabilitation für Kinder, Jugendliche und junge Menschen. Eine der Pflegerinnen auf dieser Intensiv-Reha ist Schwester Ute. Ihr neuer Patient wird mit einem schweren Schädel-Hirn-Trauma und Blutungen jeglicher Art angekündigt. Er ist vegetativ instabil, schwitzt häufig und ist unruhig. Selbst die einfachste Form der Kommunikation ist nicht möglich. Als Ute Dich das erste Mal sieht, denkt sie nur: Halleluja. Und doch erkennt die erfahrene Krankenschwester, die schon die schlimmsten Schicksale hautnah miterlebt hat, dass da noch ein Funken Leben in Dir glimmt. Jetzt geht es darum, daraus wieder ein Feuer zu entfachen. Sie schaut Dich noch ein zweites Mal an und denkt dann: Da geht noch was. Früher oder später wird der aufwachen und wieder am Leben teilhaben.

Am Leben teilhaben. Aufwachen. Langsam, unendlich langsam befreit sich Dein Körper aus diesem Tiefschlaf. Dein Puls geht rauf und runter. Deine Arme und Beine schlagen und treten aus. Einmal kann Deine Schwester ganz genau fühlen, wie Du ihre Hand drückst, als sie Dir mal wieder Deinen Song vorgespielt hat und Dich fragt, ob Du Dich selbst singen gehört hast.

Deine Oma ist eine der Ersten, die nicht nur sehen, sondern auch hören kann, welche Dämonen in Deinem zerschmetterten Schädel ihr wildes Spiel treiben. Sie ist ganz alleine mit Dir, als Du plötzlich zu schreien beginnst, erst ganz leise, dann immer lauter. Oma Christa nimmt Dich fest in den Arm und spricht auf Dich ein: „Schrei, so laut wie Du willst, lass alles raus." Sie weiß, was Dich zum Schreien gebracht hat. Diese unendliche Wut darüber, was man Dir angetan hat.

Auch Großtante Fita erlebt Deine Schreiattacken. Sie gehen ihr durch Mark und Bein. Bei einem ihrer Besuche in Bremen beginnt parallel zu Deinem Brüllen nebenan ein Musiktherapeut mit dem Unterricht. Kaum hat er die ersten Tasten auf dem Klavier angeschlagen, wirst Du leiser, drehst den Kopf in die Richtung der Musik, wirst ganz still und endlich kann Dir der Therapeut den Tee einflößen.

Aber niemand ist so nah an Dir dran wie Deine Mutter. Sie wickelt Dich. Wäscht Dich. Putzt Dir die Zähne. Zieht Dich an. Singt Dir was vor. Ist so häufig da und so um Dich besorgt, dass selbst Schwester Ute manchmal einen Rüffel verpasst bekommt. „So was ist total normal", sagt die Pflegerin rückblickend, „die Eltern sehen all die anderen schwerstbehinderten Patienten und fragen sich automatisch, ob ihr Kind auch so werden wird. So eine besondere Situation muss man erstmal annehmen, ohne durchzudrehen."

Weihnachten und Neujahr ziehen vorbei, der Prozess gegen Kai G. beginnt, und noch immer willst Du nicht aus diesem verdammten Koma erwachen. Und selbst wenn Du wieder zu Dir kommst: Wie viel wird dann noch von Dir da sein? Die beim Aufprall entstandenen Stammganglienblutungen in Deinem Kopf haben Dein Sprachzentrum beschädigt, Deine Sehkraft eingeschränkt und eine unvollständige Lähmung Deiner rechten Körperseite verursacht. Du wirst alles wieder neu lernen müssen: Sprechen, sehen, fühlen, riechen, schmecken, gehen. Leben.

Am 11. Januar 2008 dann, dreieinhalb Monate nach Deinem vorerst letzten Discobesuch, geschieht ein kleines Wunder. Im Rehabilitationsbericht wird das später recht nüchtern als „Erstkontakt" vermerkt:

„Herr Rickels war zur Person und zur Situation orientiert, hatte leichte Probleme mit der Orientierung zum Ort und konnte das Datum nicht angeben. Er beschrieb deutliche Schwierigkeiten beim Sehen und mit dem Gleichgewicht. Außerdem müsse er immerzu an den Täter denken, der ihm ,das alles angetan' (Zitat) hätte. Im Gespräch war es möglich, diese gedanklichen Perseverationen zur durchbrechen und zu reflektieren, nach Aussage von Herrn Rickels blieb es jedoch dabei, dass er sehr häufig an diese Person denken müsse und dass er überlege, was er tun würde, wenn

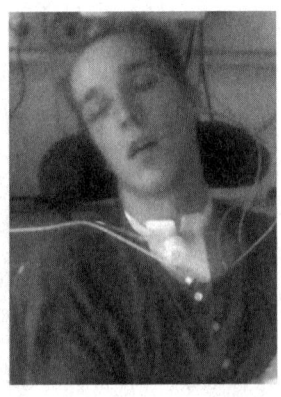

Was hat dich bloß so ruiniert? Gewaltopfer Christoph, gefesselt an einen Rollstuhl. Nur wenige Wochen vor dieser Aufnahme wollte der junge Mann noch in den Süden ziehen und an seiner Zukunft basteln. Die sieht jetzt ziemlich düster aus.

er den treffen würde. Insgesamt weitgehende Beeinträchtigungen aller Denk- und Handlungsfunktionen mit einer Verlangsamung auf allen Ebenen. Bei der körperlichen Selbstversorgung ist er komplett auf Hilfe angewiesen. Eine selbstständige Lebensführung ist nicht möglich."

Das klingt nicht wirklich nach einer rosigen Zukunft, Rickels, aber immerhin bist Du wieder da. Fortschritt ist bekanntlich relativ und deshalb muss man sich jetzt auch einfach mal darüber freuen, dass Du Dich in den Aufenthaltsraum der Rehaklinik erleichterst. Das ist eine Deiner frühesten Erinnerungen: Wie Du, noch schwer benebelt, gemeinsam mit Deiner Mutter ins Krankenhaus gebracht wirst, damit sie dort Deinen Blasenkatheter neu legen. Gleich mehrfach scheitert der Versuch des behandelnden Arztes, und wer schon einmal so einen Katheter tragen musste, der kann sich ungefähr vorstellen, welche Schmerzen Du gerade erleidest.

Irgendwann unterbricht Deine Mutter diese Folter. Der Arzt ist damit nicht einverstanden und besteht darauf, dass sie die Verantwortung dafür übernimmt. Zurück in der Rehaklinik flößt Dir Deine Mutter literweise Wasser ein, und als ihr schon kurz davor seid, wieder ins Krankenhaus zu fahren, fängst Du plötzlich an zu lachen und urinierst auf das Sofa. Wenn Dir jemand vor sechs Monaten gesagt hätte, dass Du Dich mal darüber freuen würdest, eine Couch vollzupinkeln, hättest Du dem vermutlich die Visage poliert.

Gleichzeitig wird Dir in so einer Situation schmerzlich vor Augen geführt, wie schlecht es eigentlich um Dich steht. Dass Dich dieser Typ tatsächlich zum Krüppel geschlagen hat. Dich, Christoph Rickels. Schulsprecher, Jungpolitiker, Kleinstadt-Playboy, Obermacker aus Friedeburg. Du wolltest die Welt erobern, und jetzt trägst Du eine Windel für Erwachsene.

Diese langsam gewonnene Erkenntnis macht Dich rasend vor Wut. Wenn Schwester Ute Dir die Schutzhose wechseln will, fängst Du an, sie übel zu beschimpfen: „Geh weg, du bist so hässlich! So was Geiles wie mich hast du doch noch nie berührt!"

„Ein ganz normaler Mechanismus", sagt Ute dazu und beschreibt Deinen damaligen Zustand als „Frettchen-

Phase" – weil Du gar nicht mehr wusstest, wer Du überhaupt warst. Mann, Frau oder Frettchen. Die Krankenschwester kennt die Fotos aus Deinem früheren Leben, sie weiß von Deiner Mutter, wie sehr Du auf Dein Äußeres geachtet hast. Und darum ist sie Dir auch nicht böse, wenn Du sie in Deiner Angst und Verzweiflung so wüst beleidigst. Obwohl sie sich an manchen Tagen denkt, dass Du Jungchen jetzt doch einfach mal die Fresse halten könntest.

Genau diese zupackende Art ist es, die Dir sehr bald sympathisch wird. Weil Du trotz Deines geistigen Zustandes genau weißt, dass Du jemanden wie Ute brauchst, wenn Du irgendwann mal wieder erhobenen Hauptes durch die Welt laufen willst. Im wahrsten Sinne des Wortes. Jemanden, der Dir auch mal in den Hintern tritt und Dir nicht das Gefühl vermittelt, ein hilfloses Opfer zu sein.

Aber noch ist jeder Tag ein Fortschritt für sich, schon allein deshalb, weil Du lernen musst, mit den kleinsten Schritten klarzukommen. Der vielleicht größte in dieser ersten Zeit gelingt Dir nur durch pure Willenskraft. Früher hast Du Fußball und Handball gespielt, die Eins im Sport war Dir sicher, niemals ist Dir damals in den Sinn gekommen, was für einen Luxus es doch bedeutet, morgens einfach aus seinem Bett aufstehen zu können, um mit beiden Beinen im Leben zu stehen. Nun bist Du an

Dein Bett gefesselt und kommst nur mit Hilfe von anderen in die Senkrechte. Das kann doch so nicht weitergehen! Und so wagst Du eines Tages den Sprung ins Ungewisse, weil Du es einfach tun musst: Mit viel Geschick setzt Du Dich also an Deine Bettkante, wie gekochte Nudeln hängen Deine dünnen Beinchen von der Matratze. Etwa eineinhalb Meter von Deinem Bett entfernt ist ein Waschbecken an die Wand montiert – diese unscheinbare Keramik hast Du Dir für Dein erstes großes Abenteuer in Deinem neuen Leben ausgesucht. Hoch konzentriert fixierst Du den Rand des Beckens, stößt Dich mit Deinem noch halbwegs funktionstüchtigem linken Arm nach vorne ab, wirfst Deinen Körper gegen das Becken und mit einer wahren Energieleistung gelingt es Dir tatsächlich, Dich nach oben in den Stand zu drücken. Fünf Sekunden lang kannst Du diesen Triumph genießen und er ist Dir in diesem Moment mehr wert als jedes Tor und jeder gelungene Tempogegenstoß. Verdammt, denkst Du danach, als Du es mit viel Geschick wieder in Dein Bett geschafft hast, es geht alles, wenn Du nur willst!

Die Motivation ist also da. Aber noch viel größer ist der Hass, der Dich von innen her zerfrisst. Hass auf das, was Dir angetan wurde. Hass auf Kai G., der Dich mit nur zwei Faustschlägen aus dem Leben geprügelt hat. In Deinen dunkelsten Stunden malst Du Dir aus, wie er vor Dir steht, hilflos, allein und ungeschützt. Und wie Du dann so lange auf ihn einschlägst, bis auch er sich in die Hose scheißt und man ihm den Speichel mit einem Schlauch wegsaugen muss. Aber wer weiß, ob Du überhaupt jemals wieder die Power haben wirst, einen erwachsenen Mann zu Brei zu schlagen? Dann müssen das eben Deine Jungs übernehmen. Denn: Sind Freunde nicht dafür da? Sie sind gesund, gehen studieren, gehen zum Bund, fangen eine Ausbildung an, legen Mädchen flach – und Du liegst hier. Also erzählst Du ihnen von Deinen brutalen Plänen, forderst Blutrache, Auge um Auge, Zahn um Zahn – und schadest damit am Ende doch nur Dir selbst. Denn es verstört Deine Freunde nachhaltig, dass ausgerechnet einer wie Du, der doch die Folgen von roher Gewalt am ehesten nachvollziehen kann, solche furchtbaren Taten von ihnen einfordert. Zumal Du einfach nicht aufhören willst, davon zu sprechen. Doch sie weigern sich beharrlich, für Dich den Racheengel zu spielen. Diese Vendetta-Hirngespinste sind der erste Keil, der in eure Freundschaft getrieben wird.

Heute glaubst Du, dass in diesen Tagen und Wochen noch einmal der alte Christoph durchgebrochen ist. Dieser Mackertyp, der dachte, mit seinen Fäusten Dinge regeln und Probleme aus der Welt schaffen zu können. Am liebsten hättest Du den Täter einfach weggemacht. Eine absolut nachvollziehbare Reaktion, oder nicht? Den Menschen willst Du sehen, der seinem Peiniger noch Blumen schickt! Du hast damals versucht, das entsprechend zu kommunizieren. Dabei warst Du ja nicht mal in der Lage, diese Emotionen zu verarbeiten und zu begreifen.

Was bringen Dir diese furchtbaren Rachegedanken in Deiner jetzigen Situation? Überhaupt nichts. Noch schlimmer: Sie verhindern sogar, dass Du Dich weiter zurück ins Leben kämpfst, sie rauben Dir wertvolle Energie, die Du für diesen Kampf dringend benötigst. Deine Freunde und Familienmitglieder sind rat- und hilflos, aber Schwester Ute ist aus einem guten Grund hier: Sie weiß, wie man mit solchen extremen Emotionen umzugehen hat. Ganz am Anfang, als Du noch nicht mal weißt, wie man aufrecht in einem Stuhl sitzt, baut sie Dir in Deinem Zimmer ein Matratzenlager, damit Du Dich dort im Liegen austoben kannst – und Dich nicht selbst verletzt. Einige Zeit später fährt sie Dich im Rollstuhl in den Innenhof, wo ein Punchingball steht. Zweimal schaffst Du es, diesen Ball zu schlagen, zweimal hast Du Kais Gesicht vor Augen. Eine ungeheure Anstrengung, physisch und psychisch. Diese ungeheure Aggression irgendwie rauszulassen, fühlt sich gut an.

Nicht, dass damit Deine Wut und Deine Rachegedanken verschwunden wären. Aber es ebnet Dir den Weg, um trotz Deiner schweren Behinderung auch wieder die schönen

Dinge des Lebens zu sehen und zu genießen. Nicht nur, dass Du regelmäßig mit Ute herumalberst – einmal nennt ihr euch einen Tag lang Frieda und Horst, eine kleine Reminiszenz an den Ort eurer täglichen Begegnung –, Du weißt nun auch wieder, was da ständig an Deinem Hinterkopf kratzt: Es ist der Schalk in Deinem Nacken. Bei einem Besuch Deiner Großtante läuft euch eine hübsche Frau im Flur über den Weg. „Bist du Ärztin?", fragst Du die Dame. „Nein", antwortet sie, „mein Kind ist hier Patient." „Schade", antwortest Du, „sonst hättest du mich untersuchen können."

„Das waren Momente", sagt Deine Großtante, „wo ich mir dachte: Der kommt jetzt wieder."

Zwei Wochen vor Deinem 21. Geburtstag wirst Du entlassen. Deine Mama hat es so gewollt. Zumindest vorübergehend sollst Du wieder bei ihr in Friedeburg wohnen und von dort regelmäßig zur ambulanten Therapie nach Wilhelmshaven gebracht werden. Für Dich ist das eine schöne Nachricht, Du sehnst Dich nach Deinem Zuhause. Nach einem Stückchen mehr Normalität. Und vielleicht, denkt Gesa, kannst Du in diesem Umfeld sogar schneller Fortschritte machen, als wenn Du den ganzen Tag von Schwerverletzten umgeben bist. Zusätzlicher Vorteil: Die Einrichtung in Wilhelmshaven ist nur 30 Minuten entfernt. Wenigstens für eine kurze Zeit braucht

Familie Rickels jetzt eine Verschnaufpause. Wenn man es denn so nennen will.

Entlassungsbefund vom 12. Februar 2008

Herr Rickels sitzt tagsüber hauptsächlich in einem Aktivrollstuhl, den er selbstständig durch Trippeln antreiben kann. Mittlerweile setzte Herr Rickels beide Hände adäquat und spontan ein. Links waren kräftigere und feinere Bewegungen möglich als rechts.

Ein Gespräch mit Herrn Rickels über Alltagsthemen ist möglich. Es fielen Wortabrufschwierigkeiten auf. Ein Gespräch über komplexere Themen ist erschwert.

Das Anziehen gelang mit hohem Energieaufwand, wobei der rechte Schuh noch nicht alleine geschnürt werden konnte.

Beim Frühstückstraining konnte Herr Rickels mit normalem Besteck und Teller Brötchen schmieren und essen. Beim Durchschneiden der Brötchen fehlte noch Kraft im rechten Arm und in der Hand. Trinken war selbstständig möglich.

In seiner Freizeit hörte er gerne Musik (besonders CDs mit selbstproduzierten Stücken). Sehr wichtig war für ihn das Wiedererlernen von Klavier und Gitarre, was nur motorisch bedingt noch schwer gelang.

Die Mutter wünschte sich eine vorübergehende heimatnahe ambulante Therapie. Zur Fortsetzung der beruflichen Rehabilitationsmaßnahme soll Herr Rickels in ca. 2 Monaten erneut stationär bei uns aufgenommen werden.

Einen Monat lang bleibst Du zu Hause, ehe die ambulante Reha in Wilhelmshaven beginnt. Großtante Fita setzt sich jeden Morgen in den Bus von Aurich nach Friedeburg und gemeinsam fahrt ihr mit dem Taxi in die Reha-Einrichtung. Dort bekommst Du das volle Programm: Krankengymnastik, Ergotherapie, Logopädie. Mit dem großen Unterschied zu Bremen, dass Du abends wieder in Deinem eigenen Bett schlafen kannst. Endlich wieder zu Hause. Deine Mutter erinnert sich an eine kurze, aber sehr schöne Zeit, in der sie ihren Sohn wieder regelmäßig lächeln sieht. Doch der Aufwand ist für alle Beteiligten enorm. Deine Familie versucht, einen Pflegegrad für Dich zu bekommen, um damit einen Pflegedienst finanziert zu bekommen, doch das ist gar nicht so einfach, wie man vielleicht denken würde. Und so muss dann doch Deine Mutter den Großteil Deiner täglichen Fürsorge übernehmen. Selbst beim schnellen Einkauf ist sie in Gedanken immer bei Dir, weil es Dir zum Beispiel nicht immer gelingt, vor dem Toilettengang eigenständig die Hose zu öffnen.

Bald kommen ihr Zweifel, ob es wirklich eine gute Idee war, Dich nach Hause zu holen. Nicht, weil sie Dich nicht in ihrer Nähe haben will, im Gegenteil. Sie hat das Gefühl, dass gerade diese Nähe Deinen Heilungsprozess verlangsamt. Sie ist nicht in der Lage, richtig loszulassen. Wenn sie Dich bei Deinen hilflosen Versuchen, Dir die

Schuhe zu binden, beobachtet, hält sie es nie lange aus – und übernimmt die Aufgabe für Dich. Wohl wissend, wie kontraproduktiv das ist. Denn genau solche Dinge sollst Du ja wieder lernen. „Der Junge muss das selbst hinkriegen", findet Dein Stiefvater Michael, und recht hat er.

Nur fünf Tage nach dem Ende der ambulanten Therapie in Wilhelmshaven hat Dich das Reha-Zentrum Friedehorst auch schon wieder. Diesmal allerdings für die „Berufliche Reha und Qualifizierung für Menschen mit erworbener Hirnschädigung", wie es offiziell recht umständlich heißt. Als hättest Du für Dein kaputtes Gehirn eine spezielle Ausbildung absolvieren müssen.

Immerhin hast Du deutliche Fortschritte gemacht: Gehen, essen, sprechen, Schuhe binden, all das fällt Dir inzwischen leichter. Auch Deinen Humor scheinst Du noch weiter aktiviert zu haben. Zur Begrüßung bekommt Schwester Ute zu hören, wie glücklich sie sich doch schätzen kann, einen äußerst attraktiven Mann wie Dich endlich wieder aus nächster Nähe bewundern zu können. „Keine Arme, keine Kekse, aber solche Sprüche", seufzt Ute und freut sich, Dich wiederzusehen.

Und dann ist da noch Willi, der mit richtigen Namen Vilay heißt. Willi ist in Deinem Alter und hat vor drei Jahren eine Hirnblutung erlitten. In seinem komatösen Zustand träumte er damals davon, wie ihn ein gewalttätiger Pfleger misshandelte, und als er schließlich aufwachte, saß er in einem Rollstuhl und sah alles doppelt. Dich findet er auf Anhieb sympathisch, und so freundet ihr zwei Versehrten euch an. Leidensgenossen nennt man das dann wohl.

Es tut so gut, mit Willi einfach nur herumzualbern und für einen Moment zu vergessen, wo ihr euch befindet. Ein Stück weit Normalität in all dem Wahnsinn. Auch Willi weiß, dass man niemals aufgeben darf, so beschissen die Situation auch ist. Den Kopf in den Sand zu stecken ist nicht sein Ding, und dieser Kerl steckt selbst dann nicht auf, als er einige Jahre später erneut einen Hirninfarkt bekommt und zum zweiten Mal alles neu erlernen muss. Heute hat er einen Halbtagsjob, hat eine neue Frau kennengelernt und mit ihr einen Sohn. „Das wäre niemals passiert, wenn ich nur Trübsal geblasen hätte", glaubt Willi. „Wie bei Christoph. Wenn der nur rumgejammert hätte, würde der heute noch in Friedehorst liegen."

Das sieht auch Schwester Ute so. Sie weiß aus eigener Erfahrung, dass viele, die dem Tod von der Schippe gesprungen sind, in der Folge einen wahnsinnigen Ehrgeiz entwickeln. So wie Du. Kaum läuft Dein Gehirn wieder auf Sparflamme, entwickelst Du große Ideen für die Zukunft. „Ich habe einen Plan", erklärst Du Ute immer und immer wieder, „ich werde berühmt."

„Als was denn?", fragt Ute. „Als Pausenclown?"

Derweil wechseln sich in Deinem Alltag Licht und Schatten ab. Als Du noch im Koma lagst, hat Dich die Musik, Deine alte Liebe, beruhigt und vielleicht auch zurück ins Licht geführt. Jetzt stehst Du neben einer Therapeutin und versuchst, einem Keyboard die richtigen Töne zu entlocken. Dein altes Ich hatte den Rhythmus im Blut, Instrumente zu beherrschen war für Dich das Normalste der Welt. Und nun kostet Dich allein schon die Bewegung Deiner Finger ungeheure Kraft, die Erkenntnis, dass Du diese besondere Symbiose zur Musik möglicherweise auf immer verloren hast, brennt wie Feuer in Deiner Brust.

Und noch etwas scheint verloren gegangen zu sein: Du kannst nicht mehr weinen. Du hättest eigentlich 1000 Gründe dazu, aber vielleicht hat Dich Dein Gehirn genau deshalb vergessen lassen, wie das ist, wenn einem die Tränen über das Gesicht laufen. Ein Schutzmechanismus, damit die Trauer Dich nicht übermannt? Geht so was überhaupt? Fakt ist jedenfalls, dass Du bis heute nicht weinen kannst. Stattdessen fängst Du manchmal an zu lachen, wenn Dich etwas sehr traurig macht. Als wolle Dich Dein Hirn dazu zwingen, bei all der Scheiße noch gute Miene zum bösen Spiel zu machen.

Dann geschieht etwas, dass Du Dir in Deinen kühnsten Träumen nicht hättest vorstellen können. Obwohl Du noch immer ein Pflegefall bist, hast Du das erste Mal wieder

Sex. Krankengymnastin Nina *(Name geändert)* scheint direkt vom Himmel ins Rehabilitationszentrum Friedehorst gefallen zu sein, anders kannst Du Dir nicht erklären, was nach einem kurzen Techtelmechtel in Deinem Badezimmer passiert. Dieses Erlebnis ist für Dich viel mehr als nur ein Akt der Lust, für Dich öffnet sich in diesem Moment ein Durchgang, von dem Du eigentlich glaubtest, dass er für immer verschlossen worden wäre: die Tür zurück in ein normales Leben. Für Dein verschüttetes Selbstvertrauen sind diese Zärtlichkeiten eine Wohltat sondergleichen. Stück für Stück hast Du in den vergangenen Monaten begreifen und akzeptieren müssen, dass Du von nun an mit einer Behinderung leben wirst, aber Nina gibt Dir das Gefühl zurück, dass trotz allem noch sehr viel Leben in Dir steckt. Selbstverständlich verliebst Du Dich Hals über Kopf in Deine Krankengymnastin, und für kurze Zeit seid ihr später tatsächlich ein Paar. Als die Beziehung nach nur einem Monat wieder endet, zerbricht Dein Herz in 1000 Teile. Heute bist Du Dir ziemlich sicher, dass Du vermutlich zu sehr geklammert hast, und so ein Mensch braucht ja Luft zum Atmen. Tröstet es Dich, dass Du nicht der einzige Koma-Patient bist, der Probleme damit hat, die tollen Dinge im Leben mit der dafür notwendigen Lässigkeit anzunehmen? „Wenn man so etwas durchmacht, wie Christoph oder ich", glaubt Dein Reha-Kumpel Willi, „dann fühlt sich das Schöne irgendwie nicht real an. Innerlich bereitet man sich schon auf negative Erfahrungen vor, damit es nicht ganz so weh tut." Er hat so verdammt Recht.

Die Sache mit Nina hat Dir in Deiner Ausnahmesituation die Welt bedeutet, und deshalb ist das jetzt auch alles so schmerzhaft. Das war's, denkst Du Dir, so etwas Tolles wird Dir nie wieder passieren.

Der Christoph von früher hatte nie Probleme mit Mädchen. Und vor allem war er immer umgeben von einem Haufen Freunde und guter Bekannter. Diese Beliebtheit hat Dir schon immer viel bedeutet, jetzt hast Du panische Angst, durch die Attacke in der Disco auch den Kontakt zu Deinen Leuten zu verlieren. Ganz unbegründet ist Deine Furcht nicht: Zwar hattest Du eh vorgehabt, Dir weit weg von Friedeburg ein neues Leben aufzubauen, vielleicht bei der Bundeswehr Karriere zu machen – aber zumindest wärest Du dann physisch und psychisch noch immer in der Lage gewesen, den Draht zu Deinen Homies aus der Heimat weiter aufrechtzuerhalten. Auch in dieser Hinsicht bist Du nun behindert. Ein vollständiger und gleichwertiger Freund kannst Du in Deiner misslichen Lage einfach nicht sein, gleichzeitig müssen Deine Kumpels erst mal damit klarkommen, die Beziehung zu einem so schwer verletzten Bekannten aufrechtzuerhalten. Du bist ihnen sehr dankbar dafür, dass sie Dich in Bremen regelmäßig besuchen, dass sie gemeinsam mit Dir Musik hören oder den neuesten Tratsch aus der Heimat erzählen. Doch es fällt Dir so unendlich schwer, sie nicht für ihre unversehrten Körper zu beneiden, und kein Treffen vergeht, ohne dass Du ihnen nicht mit weiteren Rachefantasien auf den Keks gehst. Heute weißt Du, dass Du gar nicht das Recht dazu hattest, sauer auf sie zu sein. Aber damals bist Du es, und das verstört Deine Freunde, die aus ihrer Sicht doch alles tun, um Dir zu verdeutlichen, dass Du noch einer von ihnen bist. Einmal nimmt Dich einer von ihnen mit an den See, und als ihr da in der Sonne liegt, sagt er Dir, dass das alles keine Schande sei, was mit Dir passiert ist, und dass Du auch kein Krüppel seist, sondern immer noch Christoph Rickels. Von Deinem früheren Selbstbewusstsein, das manchmal an Überheblichkeit grenzte, ist nicht mehr viel übrig. Mögen Deine Freunde auch so tun, als ob diese neue Situation kein Problem für sie darstellt, für Dich ist es einfach noch nicht möglich, die Dinge so zu sehen. Unsicher kicherst Du vor Dich hin, als Dein Kumpel extra für Dich ein paar Mädchen anquatscht, und Du tust ihm in diesem Augenblick nicht nur unendlich leid, er zweifelt auch daran, ob das wirklich noch Christoph Rickels ist, der da mit ihm am Wasser liegt.

Zu Deinem Krankheitsbild gehört auch die immer größer werdende soziale Kluft zwischen Dir und Deinen

Leuten aus Deinem Leben vor der Tat. In der ersten Zeit kommen sie Dich oft besuchen. Aber erstens bist Du noch gar nicht in der Lage, vernünftig mit ihnen zu kommunizieren, und zweitens hinterlässt jeder Besuch einen bleibenden Eindruck bei Deinen gesunden Freunden. In ihrer Welt außerhalb der Klinik dreht sich alles um Karriere machen, Frauen kennenlernen, dicke Autos fahren, Kinder kriegen – eine Behinderung passt nicht in solch ein Lebenskonzept. Ob sie es nun wollen oder nicht, sie distanzieren sich ganz automatisch von Dir.

Doch erst mal gibt es etwas zu feiern. Am 26. November 2008, fast auf den Tag genau 13 Monate nach dem Abend im Dinis, wirst Du endgültig aus dem Neurologischen Rehabilitationszentrum Friedehorst entlassen. Zum Abschied schreibst Du Ute ein kleines Gedicht. Vier Jahre später, als Du noch immer dabei bist, Dich in Deinem neuen Leben freizukämpfen, wird bei Ute ein Gehirntumor festgestellt. Zwei Monate lang ist sie volldement. Eine Operation rettet ihr schließlich das Leben.

Dich, Rickels, hat sie gerade noch rechtzeitig vorher fit für den Neuanfang gemacht.

Wird er Dir auch außerhalb der Klinik gelingen?

Kapitel 4

NEUANFANG

Die „Ambulante Betreuung Oldenburg", kurz ABO, listet auf ihrer Homepage drei Ziele auf, die sie bei der Betreuung von „Menschen mit einer seelischen Beeinträchtigung" verfolgt:

1. *Die jeweiligen persönlichen 100 % unserer Klienten herausarbeiten.*
2. *Größtmögliche Selbstständigkeit und Selbstbestimmung erzielen.*
3. *Ein Bewusstsein für Eigenverantwortung und Fremdverantwortung in allen Lebensbereichen erzielen bzw. erhalten.*

Ist das das Richtige für Dich? Deine Mutter ist sich sehr unsicher und einfach überfordert damit, für ihren schwerstbehinderten Sohn eine Entscheidung zu fällen, die ihm auch wirklich weiterhilft. Eigentlich würde sie Dich gerne wieder in der ambulanten Reha in Wilhelmshaven unterbringen, weil sie trotz der häuslichen Belastung der Meinung ist, dass Dir die Anwendungen und Therapien dort sehr gutgetan haben. Doch der zuständige Oberarzt lehnt diesen

Vorschlag mit dem Hinweis ab, dass Deine Krankenkasse die zusätzlichen Kosten nicht übernehmen werde. Was nun? Bei euch in der Region gibt es so gut wie keine Möglichkeiten, Dich angemessen unterzubringen bzw. zu versorgen. Da hört Deine Mutter das erste Mal von der „Ambulanten Betreuung Oldenburg". Hier, so wird ihr erklärt, hättest Du die Chance, Dich trotz Deines Handicaps wieder eigenständig zurechtzufinden. Enge Begleitung durch Fachkräfte, ein spezialisiertes Team – und die Möglichkeit, dass Du jedes Wochenende nach Hause fährst. Wie klingt das, Rickels? Sehr gut, sagen die Freunde Deiner Mutter und überreden sie letztlich zu dieser Entscheidung. Ihr selbst, so sagt sie, fällt dieser Schritt sehr schwer.

Auch Deine Schwester findet die Idee mit Oldenburg gut und richtig, sie hat erlebt, wie schleppend Deine Rehabilitation außerhalb der Klinik vonstattenging, als Du zu Hause bei Deiner Familie gewohnt hast.

Und Du selbst? Kannst nicht verstehen, warum Du 40 Autominuten entfernt leben sollst, in einer Stadt, in der Du niemanden kennst und bis auf die Unterstützung der ambulanten Betreuung auf Dich allein gestellt bist. Bis heute bist Du davon überzeugt, dass dieser Schritt ein Fehler war. Bis heute sieht das Deine Mutter anders.

Für Dich ist Oldenburg ein Sprung ins kalte Wasser. Welche Mutter, denkst Du Dir nach den ersten Tagen in der neuen Umgebung, schickt ihr Kind in eine fremde Stadt? Erst viele Jahre später wirst Du die Beweggründe Deiner Mama verstehen, damals aber leidest Du wie ein Hund. Nicht nur, weil Du hier in Oldenburg tagtäglich mit Deinen Behinderungen konfrontiert wirst – in Friedehorst warst Du einer von vielen –, sondern vor allem, weil Du Dich so furchtbar einsam fühlst. Du vermisst Deine Freunde, Deine Familie, Dein altes Leben, und gerade, weil Du Dich so sehr in diese verzweifelte Sehnsucht stürzt, wird die Isolation von Tag zu Tag nur noch größer. In der Klinik war immer jemand für Dich da: die Pflegekräfte, Deine Leidensgenossen, Deine Leute. In der Klinik warst Du nie allein. In Oldenburg hast Du niemanden.

Wobei das natürlich nicht stimmt. Da ist zuallererst die ABO, die Dich unter ihre Fittiche nimmt. Dir einen Job verschafft, Dir eine Haushaltshilfe besorgt, die Dir die Möglichkeiten in Deinem neuen Leben aufzeigen will. Da ist Freizeitbegleiter Cemal, der ab und an mit Dir ein Eis essen geht und Dich seinen Kumpeln vorstellt. Aber so eine Betreuung kann nur dann funktionieren, wenn der Betreute auch voll mitzieht. Dafür benötigt es zunächst mal eine gesunde Selbsteinschätzung und die Akzeptanz der eigenen Handicaps. Doch genau daran scheitert es bei Dir in diesen ersten Monaten. „Christoph", sagt ABO-Leiter Oliver Striethorst, „hatte die ganze Sache noch gar nicht richtig verarbeitet. Dementsprechend schwierig war es für ihn, seine Situation überhaupt realistisch einzuschätzen. Er kam mit sehr viel Hoffnung zu uns. Zu viel Hoffnung."

Die rasanten Fortschritte in der Klinik haben Dich geblendet, vielleicht bist Du auch noch gar nicht bereit, ein gesundes Maß zu finden. Und so berichtest Du den Betreuern in den ersten Gesprächen euphorisch von Deinen Plänen für die Zukunft, was Du mit der ganzen Schadensersatzknete anfangen wirst, wie sehnsüchtig Deine Freunde und Frauen schon auf Dich warten, wie Du nun Karriere machen wirst.

Die Realität sieht anders aus. Eigentlich kannst Du schon froh darüber sein, allein aufs Klo gehen und Dir die Schuhe binden zu können – physisch und psychisch wirst Du Dein Leben lang schwer eingeschränkt bleiben. Der Prozess gegen Deinen Täter hat zwar begonnen, aber noch kannst Du nicht ahnen, über wie viele Jahre sich der juristische Eiertanz hinziehen wird und wie viele Steine Dir noch in den Weg gelegt werden. Der erste Job in einem Ingenieurbüro überfordert Dich, weil Dein Kurzzeitgedächtnis noch nicht funktioniert. Und Deine Freunde? Frauen? Familienmitglieder? Sind weit weg bis unerreichbar und die traurige Wahrheit ist, dass sie sich zum Teil schon sehr stark von Dir entfremdet haben. Es ist vor allem dieser Umstand, der Dich heute sagen lässt: „Die Zeit in Oldenburg war schlimmer als alles andere." Wer oder was ist dafür verantwortlich? Wer hat Schuld? Ergeben Schuldzuweisungen bei dieser Geschichte überhaupt einen Sinn?

Einige Wochen nach Deiner Ankunft in Oldenburg halten es Dein Freizeitbegleiter und Du für eine gute Idee, mal wieder in eine Disco in Deiner Heimat zu gehen. Doch der Schuss geht nach hinten los. Früher hast Du solche Läden als Strahlemann und Sonnyboy betreten, breite Brust, Bademeistergrinsen, der ganze Christoph unversehrt. Jetzt sind Teile Deines Körpers gelähmt. Das Sprechen fällt Dir schwer. Dein Gehirn ist schwer beschädigt und befindet sich immer noch in der Regeneration. Und vor allem: Die Angst davor, wegen Deiner Behinderung abgewiesen, belächelt oder nicht für voll genommen zu werden, ist riesengroß. Auf der einen Seite sehnst Du Dich danach, wieder dazuzugehören, auf der anderen Seite ist die Angst vor genau diesem Schritt gigantisch. Du bist noch immer Christoph Rickels. Aber auch wieder nicht. Und mit diesen Hürden in Deinem Kopf, mit dieser Unsicherheit, die Dich verletzbar macht wie ein Säugling, betrittst Du nun die Disco.

Die Reaktion Deiner Bekannten? Verhalten, zurückhaltend, unsicher. Desinteressiert? Abweisend? Wie sollen sie mit Dir umgehen? Wie geht man überhaupt mit einem Typen um, der vor anderthalb Jahren noch die Fuffis durch den Club geschmissen hat und jetzt auf wackligen Beinen am Tresen lehnt? Der früher mit seinem aufgemotzten

Opel sämtliche Geschwindigkeitsbegrenzungen ignorierte und jetzt schwerstbehindert ist? Der damals so häufig die Klappe aufriss und dann einfach kaputt geschlagen wurde? So wie Du erst wieder lernen musst, mit Deinem Schicksal umzugehen, müssen es auch Deine Leute von früher.

Doch so viel Verständnis kannst Du damals noch nicht aufbringen. Gerade weil Du so lange weg vom Fenster warst, gerade weil Du so kaputt bist, erwartest Du von Deinen Leuten, dass sie für Dich da sind und sich um Dich kümmern – und zwar so oft es geht. Die verhaltenen Reaktionen auf Deinen Disco-Ausflug interpretierst Du deshalb als völliges Desinteresse, fasst sie als Affront auf und bist furchtbar gekränkt. Zurück in Oldenburg muss sich Oliver Striethorst anhören, was für eine Sauerei Du in der Heimat erlebt hast.

„Am liebsten", glaubt Dein Betreuer, „hätte er einfach geweint."

Aber, fuck, Rickels, das Weinen hast Du verlernt, oder der verdammte Kai G. hat Dir die Funktion aus dem Gehirn geprügelt, wie auch immer. Weil Du nicht heulen kannst, wirst Du nur noch wütender, und diese Aggressionen tun Dir gar nicht gut. Sie schleichen sich wie Gift in jede Zelle Deines Körpers und vernebeln Dir die eh schon vernebelten Sinne. Es ist wie früher, als Du schon als kleiner Junge das Gefühl nicht loswerden konntest, dass Dich niemand liebhat. Mit dem dramatischen Unterschied, dass

Du inzwischen zu 80 Prozent behindert bist, physisch und psychisch verkrüppelt. Der alte Christoph hatte sich die Liebe wenigstens noch mit der Musik, den dicken Muskeln, den Handballtoren oder dem Schulsprecherdasein erkaufen können. Der neue Christoph muss froh darüber sein, nicht mehr in einem Aktivrollstuhl sitzen zu müssen.

Was Du jetzt brauchst, sind positive Erfahrungen, sind Freunde und Familienmitglieder, die Deinen Schmerz und Dein Trauma verstehen, die dazu bereit sind, mehr als einmal über ihren Schatten zu springen, um Dich wieder ins Licht zu holen. Aber entweder sind sie dazu nicht in der Lage, oder Du bist nicht fähig, diese Erfahrungen überhaupt wahrzunehmen.

Kurz nach Deinem Umzug nach Oldenburg organisieren Deine Freunde eine Wiedersehensparty in eurem alten Jugendzentrum. Viele kommen, tolle Sache! Doch statt zu feiern und zu entspannen, erzählst Du immer und immer wieder davon, dass der Täter hart bestraft werden muss. Deine Kumpels sind mit dieser Situation völlig überfordert, Du bist enttäuscht über ihr Verhalten.

Ein andermal schmeißt jemand aus Deiner alten Clique eine Party am Ottermeer, einem kleinen See ganz in der Nähe von Friedeburg. Die Warnungen Deiner Mutter, dass Alkohol für Dich noch eine viel zu große Gefahr darstellt, ignorierst Du einfach. Niemand braucht Dir zu sagen, wie man sich auf einer Party zu benehmen hat, schließlich hast Du schon Tausende Partys gefeiert. Nur eben nicht nach 13 Monaten Intensivreha. Nach zwei Bier bist Du angetrunken, Schlagseite hast Du aufgrund Deiner Spastik eh schon. Und Deine Kumpels sind eigentlich hier, um zu feiern und nicht, um auf Dich aufzupassen. Für sie wird es ein sehr anstrengender Abend, der wenig Lust auf eine Wiederholung macht. Zu allem Übel wirst Du auch noch von anderen Partygästen ausgelacht. Wenn die wüssten. Aber sie wissen es eben nicht.

Eine ähnlich frustrierende Erfahrung machst Du einige Zeit später, als Dir einer Deiner Jungs verspricht, Dich am Wochenende in Deinem Elternhaus zu besuchen. Du freust Dich, bist aufgeregt, Deine Mama räumt Dein Zimmer auf – und am Ende taucht der Freund nicht auf. Hat er Dich vergessen? Dich versetzt? Will er nichts mehr mit Dir zu tun haben, weil Du ein Krüppel bist? In Deinem Kopf führen die schlimmsten Fantasien ein schauriges Schauspiel auf. Du kannst Dich des Gefühls nicht erwehren, dass Deine Freunde nicht mehr so für Dich da sind, wie Du Dir das wünscht. Vielleicht wissen sie schlichtweg nicht, wie sie mit Dir umgehen sollen, aber Du glaubst, dass man Dich einfach vergessen hat.

Und dieses Gefühl, dieses schleichende Gift, macht etwas mit Dir in diesen ersten Jahren nach der Klinik. „Früher", sagt Deine Schwester Pia, „war Christoph immer für einen Spaß zu haben. Aber wenn er uns jetzt am Wochenende besuchte, war er zunehmend schlechter drauf. Er wurde extrem schnell wütend und schien einen Hass auf alles zu haben." Was die Distanz zwischen Deinem jetzigen und Deinem früheren Dasein nur noch mehr vergrößert. Einmal bist Du beim Bäcker und grüßt eine alte Bekannte. Dass sie nicht zurückgrüßt, verletzt Dich zutiefst. Wieder zu Hause, schreibst Du ihr eine böse Nachricht und erklärst ihr, dass sie von nun an für Dich gestorben ist. Am Ende wird sich herausstellen, dass Du Deine Bekannte mit einer anderen Frau verwechselt hast.

Es ist ein Teufelskreis. Du gierst nach Liebe und hast das Gefühl, dass niemand Dich hört oder hören will, und Deinen Leuten schmerzt Dein Schrei in den Ohren. Einmal triffst Du einen Deiner engsten Freunde zufällig vor einem Dönerladen, doch statt ihm von Deiner Einsamkeit, Deinen Ängsten und Sehnsüchten zu erzählen, markierst Du aus alter Gewohnheit den großen Macker und prahlst lieber damit, welche Karre Du Dir kaufen wirst, wenn das Schmerzensgeld endlich da ist: Audi S5 Cabrio, 333 Pferdestärken, Breitreifen, geil. Immer noch derselbe Aufschneider, denkt Dein Kumpel. Was Du eigentlich mit der Audi-Story sagen wolltest: Ey, ich bin wieder da! Lasst mich wieder einer von euch sein, sonst gehe ich ein vor Einsamkeit!

Aber welcher Anfang 20-Jährige ist denn dazu schon in der Lage? Zumal dann, wenn ihm die eigene Behinderung wie ein Klotz am Bein hängt. Denn auch damit machst Du Dir das Leben schwerer, als es ohnehin schon ist: In der Klinik war es gar nicht so schwer, die körperlichen und seelischen Schäden zu erkennen und zu akzeptieren. In diesem geschützten Raum gehörtest Du sogar zu den Gewinnertypen, als Du irgendwann keine Windel mehr tragen musstest – viele Unfall- und Gewaltopfer bleiben jahrelang oder sogar für immer im Wachkoma hängen. Doch zurück in der „Normalität" fühlst Du Dich nicht mehr als Sieger, sondern als Opfer, fürs Leben gezeichnet. Und weil Du gleichzeitig kein Opfer sein willst, verweigerst Du beharrlich, diesen neuen Umstand auch wirklich anzunehmen. Nach Oldenburg bist Du auch deshalb gekommen, weil Du unter keinen Umständen in einer Behindertenwerkstatt unterkommen wolltest. Und als Oliver Striethorst von der ABO Dir ein paar Gruppenangebote unterbreitet, um vielleicht mit anderen Klienten der Einrichtung Kontakt aufzunehmen und so der Einsamkeit und Isolation zu entkommen, lehnst Du das ebenfalls mit dem Hinweis ab, dass solche Sachen doch schließlich was für die wirklich Behinderten wären. Du merkst gar nicht, wie sehr Du Dir mit diesem Verhalten selbst im Weg stehst.

Auch Deine Mutter beißt sich an diesem Verhalten die Zähne aus. Sie rät Dir, doch einen Stammtisch mit anderen Betroffen zu gründen, doch auch das ist zum damaligen Zeitpunkt keine Option für Dich. Immer weiter zieht Dich der Strudel aus Einsamkeit, verletzten Gefühlen, Wut, Hass und Selbstmitleid nach unten.

Du bist traurig. Enttäuscht, sauer und verzweifelt. Du weißt, dass man eigentlich jedes Hindernis bewältigen kann – wenn man nicht allein ist. Aber Du fühlst Dich allein. Dir fehlt es so, vertraute Menschen um Dich herum zu haben. Für neue Kontakte bist Du noch zu ängstlich, sind die Hemmungen zu groß. Und im Umgang mit den alten Leuten verkrampfst Du immer mehr. Du hast wahnsinnig Schiss davor, dass sie nur nett zu Dir sind, weil Du im Koma gelegen hast. Aber eigentlich kein Interesse an Dir haben. Das macht Dich zu einem sehr misstrauischen Menschen. Irgendwann wirst Du das Gefühl nicht los, dass Dich alle im Stich gelassen haben. Dass Du sogar darum betteln musst, dass Deine Familie mit Dir Zeit verbringt.

Über solche Dinge spricht man nicht, wenn es um die Folgen eines Unfalls oder einer Gewalttat geht. In den Medien, im Strafverfahren, in der Öffentlichkeit diskutiert man über Schuldfragen. Über geplatzte Blutgefäße im Kopf. Über Tetraspastiken, gebrochene Knochen, irreparable Hirnschäden, über Rehamaßnahmen,

Wiedereingliederung, die Rückkehr in ein normales Leben. Aber wissen die Menschen auch, wie einsam diese Scheiße einen Menschen machen kann? Wie sehr sie sein Grundvertrauen in die Liebe und in die schönen Dinge des Lebens nachhaltig zerstört? Wie schlimm das eigentlich ist, wenn man sich nichts sehnlicher wünscht als Anerkennung und sie dann nicht bekommt? Gewalt ist nicht cool. Gewalt macht nur kaputt. Wie recht Du hast.

Eineinhalb Jahre nach dem Umzug Richtung Oldenburg, hältst Du es einfach nicht mehr aus und ziehst zurück nach Friedeburg. In die Heimat. In der Hoffnung, dass dort alles besser werden wird.

Oliver Striethorst von der ABO glaubt, dass Oldenburg für Dich zu früh kam. Dass Du noch gar nicht bereit warst für eine berufliche Betreuung, und stattdessen noch viel mehr Traumatherapie benötigt hättest, um Dich intensiver mit Deiner Situation auseinanderzusetzen. Deine Hoffnungen, die Du ihm zu Beginn aufgezählt hast, wurden nicht erfüllt. Das hat Dich sehr ernüchtert – und auf lange Sicht nur zusätzlich behindert.

Deine Mutter verteidigt ihre Entscheidung, sie ist davon überzeugt, dass die soziale Einsamkeit Dich so oder so getroffen hätte. Für Deine Freunde ging das Leben weiter. Du konntest da einfach nicht mithalten. Das zeigt sich auch an den Einladungen, die ein alter Kumpel ausspricht. Er ist

Fan von Werder Bremen und will Dich gerne mit zu einem Spiel nehmen. Er meint es gut, aber offenbar kann er es nicht verstehen, dass Du Dich für so eine Aktion körperlich noch nicht in der Lage fühlst.

Zurück in Friedeburg ziehst Du in eine eigene Wohnung. Und der zweite Startversuch in ein neues Leben lässt sich gar nicht mal so schlecht an. Einer der Ersten, die Du in der Heimat wiedertriffst, ist Dein Freund Wasili, der die vergangenen Monate als Bundeswehrsoldat im Ausland verbracht hat. Zugegeben, selbst Wasili muss schlucken, als er Dich das erste Mal wiedersieht. Die zähflüssige Sprache. Die schildkrötenhaften Bewegungen. Die sichtbaren Schäden aus der Nacht im Dinis. Wie viel Rickels ist noch übrig geblieben, fragt sich Wasili, als ihr euch einen Kaffee bestellt. Dann macht Dein alter Muckerfreund einen Witz, und da passiert es: Du schließt die Augen, legst den Kopf in den Nacken und fängst an zu lachen. Wie früher, denkt Wasili. In diesem Moment wird ihm klar, wie viel noch von dem alten Rickels in Dir steckt. Dein Lachen hat Dich verraten und Dein Kumpel beendet das Wiedersehen mit einem guten Gefühl im Herzen. Weil er jetzt weiß, dass Du das alles schon irgendwie packen wirst, was auch immer für Hindernisse noch auf Dich warten.

Das zweite schöne Erlebnis verdankst Du Deiner kleinen Cousine Sarah, die im Herbst 2010 die 7. Klasse der

Realschule Schortens besucht. Im Unterricht befasst sich ihre Klasse mit dem Thema Gewalt. Die Lehrerin Frau Zauzich hat sie und ihre Mitschüler das Buch *Nicht Chicago. Nicht hier* lesen lassen, einen Jugendroman von Kirsten Boie, in dem ein Junge namens Niklas von einem Gleichaltrigen gemobbt, beklaut und geschlagen wird. Sarah erzählt ihrer Lehrerin von Dir, dem inzwischen 23-jährigen Cousin, der so schwer geschlagen wurde und jetzt wieder im nahen Friedeburg wohnt. Interessant, denkt sich Frau Zauzich, und bittet Sarah, Dich zu fragen, ob Du Dir vorstellen könntest, vor der Klasse von Deinem Schicksal zu berichten.

Es ist genau der Schubser, den Du gebraucht hast. Schon im Rehazentrum Friedehorst hast Du mit den Gedanken gespielt, Deine Geschichte dazu zu nutzen, irgendetwas zu bewegen. „Ich habe einen Plan", hattest Du Schwester Ute berichtet und damit den Machertyp von früher wieder zum Leben erweckt. Und doch bist Du zunächst etwas skeptisch, als Dir Deine Cousine von den Plänen ihrer Lehrerin berichtet. Du weißt ja, wie die Kids so ticken. Wie werden sie mit Dir umgehen? Werden sie Dich auslachen? Aber dann sagst Du Dir: Junge, mach Dir jetzt nicht in die Hosen. Was hast Du schon zu verlieren? Und sagst Deiner Cousine zu.

Der Neuanfang, das spürst Du genau, hat jetzt erst so richtig begonnen.

Kapitel 5

FIRST-TOGETHERNESS

12. Juni 2018, 7. Klasse der Haupt- und Realschule Clausthal-Zellerfeld, Mitschnitt von Christophs Vortrag

Also es geht um Gewalt. Gewalt ist ja ein Riesenthema. Gewalt ist ja auch sehr viel. Was es bei mir war, hört ihr dann gleich. Denn ich erzähle gleich eine Geschichte. Meine Lebensgeschichte. Klingt tatsächlich erst mal langweilig, aber es ist doch schon eher traurig bei mir. Ich finde, damit ihr euch das zu Herzen nehmt, was ich euch heute erzähle, ist es wichtig, dass ihr merkt, dass ich es wirklich ernst meine.

Wisst ihr, als kleiner Milchbubi wollte ich immer Polizist werden. Ich glaube, alle kleinen Jungs wollen irgendwann mal Polizist werden, aber ich wollte auch als großer Junge immer Polizist werden. Jetzt gab es da nur ein Problem. Ich war immer Schulsprecher, Jugendzentrumsprecher, ich war immer so ein kleiner Möchtegern-Gigolo, so ein Gangster, der glaubt, ihm gehört die Welt. Und wenn ich jetzt zur Polizei gehen würde, dann wollte ich natürlich auch was zu melden haben! Ich wollte nicht so ein Bulle werden, der sich von seinen Kollegen herumkommandieren lassen muss. Also hätte ich

bei der Polizei in den gehobenen Dienst gemusst. Für den gehobe-
nen Dienst bei der Polizei brauchte ich ein gutes Abitur. Ja, scheiße.
Ich war wohl nicht schlau genug für das gute Abitur. Ich habe nur
meinen erweiterten Realschulabschluss gemacht.

Und irgendwann, das ist ja bei euch auch so, müsst ihr euch
bewerben. Das war jetzt so weit. Die einen haben sich beworben
als Maurer, als Elektriker, die Mädels wurden Erzieherinnen. Ich
musste jetzt ja auch irgendwas machen. Polizei, so wie ich das woll-
te, ging ja nicht. Dann kam ein Kollege an: „Ey, Alter, Rickels,
geh doch zu den Feldjägern bei der Bundeswehr!" Ich kurz überlegt:
Das ist doch die Idee. Weil: Die Feldjäger sind ja die Polizisten
von der Bundeswehr. Da hätte ich was zu melden gehabt. Und das
wollte ich ja. Ich habe mich jetzt also in ganz Deutschland als Feld-
jäger beworben. Schließlich bekam ich eine Zusage aus dem Süden.
Zusage ist immer geil.

Aber einmal wollte ich noch Party machen. Ich hatte meine Stamm-
disco, da war ich immer, da kannte ich jeden, jeder kannte mich. Wenn
da Stress gewesen wäre, hätte ich einmal geschnipst, dann hätten 30
Leute hinter mir gestanden. Ich weiß nicht, warum. Ich weiß aus mei-
nem früheren Leben eigentlich gar nichts mehr. Das ist alles weg. Aus
Erzählungen weiß ich, dass ich dieses Mal nicht in meiner Stammdisco
war. Ich war in einer anderen Stadt, in einer anderen Disco.

Ich bin in diesen anderen Club reingelaufen. Hab da ein Mädel
gesehen. Mit der habe ich vorher schon ein paarmal im Netz getextet.
Jetzt sehe ich sie im Club wieder und habe sie am Tresen auf einen

Drink eingeladen. Sie hatte einen Freund. Das wusste ich auch. Der war auch saueifersüchtig. Na und? Ich hatte keine Angst. Ich habe mich auch geboxt. Ich habe dem ein oder anderen aufs Maul gehauen. Mir hätte das genauso passieren können, dass ich jemanden so kaputt mache wie ich es jetzt bin. Ich war durchtrainiert, ich konnte mich prügeln, ich war so ein kleiner Möchtegern.

Aber in dieser Situation hat es mir nichts gebracht, dass ich durchtrainiert war. Es hat mir nichts gebracht, dass ich mich boxen konnte, dass ich mich prügeln konnte. Weil: Ich konnte mich da gar nicht wehren, das seht ihr gleich noch. Ich bin also aus dem Club rausgelaufen, das sieht man alles auf den Videos der Überwachungskamera. Man braucht eigentlich keine Worte. Ich komme da raus, ganz lässig, meine Hände unten am Körper, und aus dem Nichts kommt dieser Typ auf mich zugesprungen und trifft mich mit voller Wucht am Kopf.

Der Täter war auch durchtrainiert, ein Bundesliga-Handballer. Dieser eine Schlag hat so eine enorme Wucht gehabt, dass ich sofort bewusstlos war. Ich bin bewusstlos, stürze und während ich stürze, drehe ich mich. Und weil ich ja jetzt bewusstlos war, bin ich frontal mit dem Gesicht auf dem Steinboden aufgeschlagen. Dieser Aufprall mit dem Gesicht auf dem Steinboden hat dann eine sechsfache Hirnblutung ausgelöst. Vier Monate lang lag ich im Koma.

Ganz so professionell wie im Juni 2018 bist Du knapp acht Jahre zuvor noch nicht. Und auch optisch unterscheidet

Dich einiges. Der Typ, der Ende September 2010 den Klassenraum der 7c in der Realschule Schortens betritt, hat die Haare an den Seiten raspelkurz rasiert, sich ein Zackenmuster reinschneiden lassen und den Mecki auf der Schädelplatte blond gefärbt. Wenn man Dich da so sitzen sieht auf dem Foto der Jugendseite vom *Anzeiger für Harlingerland*, käme man vielleicht auf den Gedanken, an der Zurechnungsfähigkeit Deines Friseurs zu zweifeln, nicht aber darauf, dass Du zu 80 Prozent behindert bist.

Du hast Dich vorbereitet auf diesen allerersten Auftritt. Zu Hause in Friedeburg hast Du eine kleine Präsentation erstellt und Dir überlegt, was genau Du diesen Kids eigentlich sagen willst. Du bist noch weit davon entfernt, Deine persönliche Geschichte als eine Art Botschaft zu begreifen, Du willst Deiner kleinen Cousine einen Gefallen tun und den Jugendlichen klarmachen, wie schnell aus einem gesunden, kraftstrotzenden Mensch ein kaputter Mensch werden kann – scheinbar ohne Zukunft.

Dein Herz schlägt wie verrückt, als Du schließlich vor der Klasse sitzt. An den Wänden selbst gebastelte Collagen, vollgekritzelte Kreidetafeln, Jacken an Haken, Schüler an grünen Tischen. Noch hast Du kein Wort gesagt, aber die Mädchen und Jungen schauen Dich mit großen Augen an. Sie können nicht wissen, was sie erwartet. Aber vielleicht ahnen sie es.

Ganz langsam, viel langsamer als acht Jahre später in Clausthal-Zellerfeld, quält sich Deine Stimme über Gaumen, Zunge, Lippen in den Klassenraum und in die Köpfe Deiner Zuhörer. Als wenn jemand die Worte mit einer schweren Walze zerquetschen würde. Doch gerade, weil Du nur so langsam sprechen kannst, entfalten Deine Sätze eine besondere Wirkung, werden sie bedeutungsvoll. „Ich war ein kleiner Angeber, ein cooler Macho", beginnst Du Deine Geschichte und erzählst dann mit Deinen eigenen Worten, was mit Dir passiert ist. Die Stille ist förmlich greifbar, und hinterher wird Dir zum ersten, aber ganz sicher nicht zum letzten Mal eine begeisterte Lehrkraft berichten, dass sie „so etwas noch nie erlebt" habe.

Auch für Dich ist diese Stunde eine völlig neue Erfahrung. Du hast schon oft vor Publikum gesprochen oder gesungen, hast Deine Qualitäten als Rampensau unter Beweis gestellt und den großen Zampano gegeben. Die Rampensau ist wieder da, der Zampano ist für immer im Dinis geblieben. Nichts hat sich verändert, denkst Du während Deines ersten Auftritts im neuen Leben, und diese Erkenntnis ist für Dich ein kleines Wunder, weil sie Dir deutlich macht, dass Du doch noch der Alte bist. Und auch wieder nicht, denn auf so eine Art hast Du Menschen noch nie erreichen können. „Müssen wir uns schlagen, um cool zu sein? Ich glaube nicht." Die Mädchen weinen, die Jungs nicken beipflichtend, die Lokalredakteurin hat einen Kloß im Hals.

Dieses stumme Feedback, diese bis dahin einmalige Erfahrung, wirkt auf Dich wie eine Droge. Deinen geschwächten Körper und Deinen angeschlagenen Geist durchfluten Wellen der Kraft und Energie. Sie lösen etwas in Dir aus. Du weißt, dass das hier ein Startschuss ist. „Verdammt, Rickels", denkst Du Dir auf dem Heimweg, „Dein Leben ist doch noch was wert."

Wisst ihr, die Ärzte haben damals zu meiner Mutter gesagt, dass es sehr schlecht aussieht, dass sie nicht glauben, dass ich es schaffe, weil es so schlimm ist. Ich wäre jetzt fast gestorben – und warum? Ja, warum, verdammt … Ich hatte keine Chance zu reagieren. Das seht ihr gleich. Aber ich habe überlebt. Ich war immer schon ein Fighter, ein Kämpfer, ich glaube, das hat mir am Ende geholfen, den Kampf ums Überleben zu gewinnen.

Ich hatte also überlebt und lag im Krankenhaus. Ich war 20. Ich hatte Pampers an und konnte nix, ich war kaputt! Aber als ich realisierte, was passiert war, habe ich nachgedacht. Erst wollte ich mich rächen. Aber dann habe ich mich gefragt: Warum ist mir das passiert? Als Jugendlicher will man cool sein, keine Schwäche zeigen. Auch ihr wollt alle immer cool sein. Die coolen Macker, die coolen Girlies. Ihr könnt jetzt alle nein sagen, aber ich weiß, dass es so ist. Aber genau das ist der Punkt. Klar, auch ich wollte immer cool sein. Ich wollte einer sein, zu dem die anderen aufschauen. Aber genauso können wir etwas verändern. Stellt euch die Frage: Bin ich wirklich cool oder verkleide ich mich nur? Ich schmeiße die Frage mal in die Runde: Was würdet ihr als cool bezeichnen?

(Schüler) Hilfsbereitschaft.

Ja, sehr cool. Du hast vollkommen recht, das finde ich auch cool: Hilfsbereitschaft. Was noch?

(Schüler) Freundschaft?

Ah, toll! Ich will, dass ihr das lebt. Hilfsbereitschaft ist cool? Dann seid cool! Wenn ihr auf dem Schulhof jemanden seht, der fertiggemacht wird, vielleicht sogar von euren Freunden, und ihr normalerweise zu euren Leuten halten würdet – macht das diesmal nicht. Weil, cool seid ihr, wenn ihr trotzdem dem Schwächeren helft. Wenn ihr den Stärkeren sagt: „Ey, kommt, das ist total armselig, was ihr hier macht."

Der Artikel auf der Jugendseite Deiner Lokalzeitung vom 1. Oktober 2010 ist der erste Medienbericht über Dein Schicksal. Dieser Auftritt in Schortens soll nicht der letzte gewesen sein. Über Deine Mutter kommt der Kontakt zu einer nahen Hauptschule zustande, und auch dort ist Dein Vortrag ein voller Erfolg. Für die Pädagogen ist einer wie Du Gold wert, für die Schüler bist Du erst eine willkommene Abwechslung vom Schulalltag und hinterher nicht selten eine Inspiration. Das ist auch deshalb außergewöhnlich, weil Dein geschädigtes Gehirn mehr als 15 Minuten Konzentration eigentlich nicht zulässt und Dir den Weg in ein normales Berufsleben verbaut. Aber vor den Schülern blühst Du auf, und für die Journalisten bist Du ein dankbares Thema. Rampensau und Botschafter, in dieser Konstellation scheinst Du Deine Berufung gefunden zu haben.

Nicht zuletzt deshalb, weil jeder dieser nun immer häufiger stattfindenden Vorträge eine Art Therapie für Dich ist. Je häufiger Du darüber sprichst, dass man Dich kaputt geschlagen hat, desto mehr kannst Du das auch akzeptieren. Gleichzeitig hilft es Dir dabei, die immer schlimmer werdende Einsamkeit zu ertragen. Eigentlich warst Du mit der Hoffnung zurück in Deine Heimat gekommen, dort auch wieder gesellschaftlich Fuß zu fassen. Aber irgendwie wird die Distanz zwischen Dir und Deinen alten Freunden immer größer. Und Du wirst das Gefühl nicht los, dass das nicht nur mit Deiner Behinderung zu tun hat. Einmal fragen sie Dich, ob Du Lust hast, zusammen mit ihnen in den Skiurlaub fahren. Aber, hey, Du bist froh, halbwegs unfallfrei geradeaus zu gehen! Für solche Dinge fühlst Du Dich noch viel zu kaputt. Wie wäre es stattdessen mit einer Einladung zu einem DVD-Abend? Bisschen Rumsitzen bei Dir auf der Couch? Begreifen sie nicht, was Du in dieser Situation wirklich brauchst?

Umso intensiver stürzt Du Dich deshalb in Deine neue Aufgabe. Groß ist die Befriedigung, dass Du wenigstens als Rampensau noch zu gebrauchen bist, wenn schon Deine Freunde das Interesse an Dir zu verlieren scheinen.

Die Veranstaltungen und die großartige Resonanz schenken Dir Kraft und geben Dir Selbstvertrauen. Jeder Vortrag gibt Dir einen Schubser mehr in die richtige Richtung. Aus dem jungen Mann, der den Mitschülern seiner Cousine eigentlich nur vor Augen führen wollte, wie zerbrechlich so ein Leben doch sein kann, wird innerhalb von knapp zwei Jahren wieder ein erfahrener Bühnenmensch. Irgendwann erkennst Du die Nachhaltigkeit dieser Aktionen und dabei auch Deine Rolle als eine Art Botschafter im Kampf gegen Gewalt und für ein friedliches Miteinander. Dafür braucht es nicht nur Vorträge, die unter die Haut gehen, sondern auch gute Publicity.

Also sammelst Du die paar Artikel aus den Lokalzeitungen zusammen und gibst den größeren Redaktionen einen dezenten Hinweis auf Dein Dasein und Dein Wirken. Schon wenig später meldet sich die *Bravo*. Nicht für die Nacktrubrik „Bodycheck", sondern für einen entsprechend gefühligen Bericht über Dein Schicksal. Und so erscheint knapp vier Jahre nach dem Doppelschlag in der Disco, knapp drei Jahre nach Deinen ersten Gehversuchen in der Reha, nicht mal ein Jahr nach Deinem ersten

Auftritt vor der 7c, ein *Bravo*-Artikel mit der Überschrift „Mein harter Kampf zurück ins Leben". Wie geil ist das denn, Rickels?

Stellt Euch die Frage: Was finde ich wirklich cool, wenn ich nur für mich darüber nachdenke? Ihr solltet das vorleben, was ihr persönlich für euch cool findet. Nicht das, was ihr macht, um anderen zu gefallen. Einmal benutze ich das Wort jetzt noch: Coolness wird und wurde leider falsch verstanden. Das war bei mir ganz krass. Ich dachte: Boah, bin ich ein geiler Macker, wenn ich mich schlagen kann. Ich habe Leuten aufs Maul gehauen und dachte: Alter, ich bin's. In diesem Zusammenhang sage ich auch immer: Die Mädels wissen ja gar nicht, wie viel Macht sie haben. Dann kichern die Mädchen immer, ey, was will er denn jetzt – ja, die coolen Typen, die wollen immer den Mädels gefallen. Die wollen die ein oder andere vielleicht nochmal abschleppen. Ja, Leute, aber wenn die Mädels den Mackern jetzt klarmachen: Ey, Alter, ich steh voll nicht auf so Schlägeraffen wie dich, dann überlegen sich die Typen zehnmal, ob sie sich boxen oder nicht. Die wollen die Schnitten ja nochmal abschleppen.

Das Problem heute ist aber ja: Die Weiber boxen sich ja auch! Hallo, was ist denn los? Wenn ich an Frauen denke, dann geht in meinem Kopf die Sonne auf. Dann denke ich so was wie: Eieieieiei. Aber stellt euch mal vor, ich denk an Frauen, und da kommt so ein Gorilla auf mich zu gerannt. Ja, verdammt, ist doch so! Gewalt ist nicht nur uncool und dumm, es ist auch kein Stück sexy.

Viele denken halt, dass Gewalt den coolen Macker macht. Dass sie die großen Leute sind, wenn sie sich rumprügeln. Aber genau das ist der Punkt, wo ich sage: Hey, das ist schon lange nicht mehr so. Die Coolness verändert sich. Das begreifen nur nicht alle.

Gewalt macht einfach nur kaputt. Ich war Musiker aus Leidenschaft. Ich habe Gitarre, Schlagzeug, Keyboard gespielt. Ich habe gesungen, ich habe gerappt. Ich hatte immer 'ne Eins in Sport, ich habe Handball und Fußball gespielt. Ey, was ist heute, Mann? Ich bin halbseitig gelähmt, ich kann kein Instrument mehr spielen, ich kann nicht mehr singen, nicht mehr rappen, weil mein Sprachnerv kaputt ist. Ich kann nicht mehr rennen, ich kann nicht mal mehr geradeaus laufen, ich kann keinen Ball mehr fangen und ich kann keinen Ball mehr werfen. Und warum? Wegen einem winzigen Augenblick, wegen nichts! Hey, der Typ wollte mir eine aufs Maul hauen! Ich kenn das, weil ich hab es ja selbst getan. Der wollte mir ein blaues Auge hauen. Hat vielleicht gedacht, wenn's schlimm wird, bricht er mir den Kiefer. Aber der hat doch niemals damit gerechnet, dass ich nach seinem Angriff im Sterben liegen würde. Der wollte mich doch nicht totkloppen! Aber das ist ja genau der Punkt, verdammt. Wir machen's einfach. Wir machen's einfach. Weil wir denken, das gehört dazu. Aber keiner macht sich klar, was er damit anrichten kann.

Die Story in der *Bravo* verhilft Dir zu weiteren Auftritten. Wäre es jetzt nicht mal an der Zeit, der ganzen Sache einen klangvollen Namen zu verpassen? Englisch soll er sein, weil: Du willst ja nicht nur in Deutschland, sondern auch im Rest der Welt etwas bewegen. Mit Peanuts gibt sich einer wie Du nicht ab. Da scheint er wieder durch, der alte Rickels, Macher und Macker.

Miteinander/Zusammengehörigkeit heißt auf Englisch *togetherness* und so entsteht der Name First-Togetherness, den Du so gut findest, dass Du ihn Dir umgehend im Markenregister eintragen lässt. Dein Logo und Wiedererkennungsmerkmal wird ein Herzausrufezeichen, schönes Wort, schönes Symbol, dass den Menschen deutlich machen soll, dass sie das Miteinander auch wirklich leben sollen. Einer Deiner Unterstützer, der Steuerberater Kai Glowalla, rät Dir dazu, die First-Togetherness als gemeinnützige Unternehmergesellschaft anzumelden, und so passiert es dann letztlich auch. Ganz offiziell darfst Du jetzt Einnahmen und Ausgaben haben, ein weiterer Schritt ist getan.

Dann meldet sich RTL bei Dir. *Punkt12* will ein kurzes Filmchen über Deine Leidensgeschichte drehen. Dieser Bericht wird Dein Leben verändern. Er wird Dir und Deinem Präventionsprojekt zu überregionaler Prominenz verhelfen. Er wird dafür sorgen, dass Dir wildfremde Menschen schreiben, wie sehr sie Dich bewundern. Der Bericht hat einen hohen Anteil daran, dass Du bald darauf Vater eines Sohnes wirst. Er wird neue Freundschaften entstehen lassen. Er wird dafür sorgen, dass aus alten Freunden Feinde werden.

Rickels, wenn Du damals gewusst hättest, was dieser zehnminütige Beitrag für Auswirkungen hat, wärst Du dann trotzdem vor diese Kamera getreten?

Zu Beginn des kurzen Filmchens, der, wie es sich für RTL-Reportagen gehört, konsequent mit gefühligen Klavierklängen unterlegt ist, besuchst Du an der Seite einer Reporterin noch einmal „die Discothek, vor der er von einem damals 19-Jährigen brutal zusammengeschlagen wurde".

„Christoph, wenn Sie jetzt hier sind, an dieser Stelle, welche Gefühle kommen da in Ihnen hoch?"

„Wut. Die Erinnerung an diese Nacht, die alles zerstört hat, die ist weg. Aber Wut kommt trotzdem, weil hier ist das passiert, dass ich jetzt so rede. Wegen dieser einen Nacht hier humpele ich heute."

Das ist die Wahrheit. Genau wie das gruselige Überwachungsvideo und die schaurigen Nahaufnahmen von Dir im Aktivrollstuhl, den der Privatsender jetzt neben das Video Deiner Abschiedsrede als Schulsprecher einklinkt. Zitat: „Den coolen Typen, der im Sport sämtliche Urkunden abräumt und seine Kumpels unterhält, den gibt es nicht mehr."

Dann, bei Minute sechs, tust Du etwas, was dafür sorgen wird, dass es bis heute eine Facebook-Gruppe gibt,

Gemeinsam mit seinem Vater sitzt Christoph vor der Kamera eines RTL-Teams. Ein Interview mit dem Sender verändert sein Leben – in mehrfacher Hinsicht.

in der sich mehr als 20 User versammelt haben, um sich über Dich aufzuregen.

„Musik", sagt die Stimme im Off, „kann er wegen seiner Lähmung kaum noch machen, am meisten aber leidet der 25-Jährige darunter, dass sich die früheren Kumpels von ihm abgewandt haben."

„Freunde", hört man Dich sagen, „habe ich nie gehabt. Das weiß ich jetzt heute. Es ist keiner da. Ich habe keinen, mit dem ich mal abends eine DVD zusammen schaue, ich habe keinen, mit dem ich mich traue, auf Tour zu gehen. Der da ist, wenn irgendwas passiert. Es ist keiner da. Die Einsamkeit ist, glaube ich, das Schlimmste von allen." Slowmotion, Klaviermusik, Cut.

Warum hast Du das damals gesagt, Rickels? Hat Dir niemand erzählt, wie Deine Leute neben Deinem Bett saßen, um mit Dir Deine Musik zu hören? Wie sie um Dich geweint haben? Weißt Du nicht mehr, dass sie Dir eine Grußbotschaft aufgenommen haben, damit Du endlich wieder aufwachst? Hast Du vergessen, dass sie Dich mit zum Fußball oder in den Urlaub nehmen wollten?

Bis heute stehst Du zu dem, was Du damals in diesem RTL-Bericht gesagt hast. Mehrfach hast Du es in den Jahren danach in anderen Berichten wiederholt. Warum? „Weil dann, als ich meine Freunde wirklich gebraucht habe, niemand mehr was von mir wissen wollte." Dieses Gefühl zu haben, muss schlimm sein. Fast keiner weiß, wie es sich wohl anfühlt, wenn man wieder lernen muss, seine Beine zu bewegen oder unfallfrei aufs Klo zu gehen. Aber fast jeder weiß, wie furchtbar das ist, wenn man sich ganz allein fühlt.

Und gleichzeitig muss es für all diejenigen, die davon überzeugt sind, dass sie sich damals für Dich den Arsch aufgerissen haben, ein äußerst harter Schlag ins Gesicht gewesen sein. Ganz Deutschland weiß nach diesem Beitrag: Die früheren Kumpels von Christoph Rickels sind richtig miese Typen, die ihren behinderten Freund einfach im Stich gelassen haben.

Kannst Du Dir vorstellen, wie das damals für sie war? Es fällt Dir schwer, denn: Bist nicht *Du* das Opfer? Hat man nicht *Dich* kaputtgeschlagen? Leidest nicht *Du* bis heute unter den Folgen dieser Tat? Woher kommt sie denn, diese Einsamkeit? Du hast sie Dir doch nicht ausgedacht! Wie oft war denn einer von ihnen bei Dir zu Besuch? Gibt es noch irgendwen, der weiß, wie Deine Wohnungen von innen aussahen?

Das menschliche Gehirn verfügt über verschiedene Hirnlappen, die für unterschiedliche Funktionen zuständig sind. Hinter der Stirn befindet sich der sogenannte Frontallappen. Dieser Bereich des Gehirns ist in der Medizin auch als Ursprungsort der Willkürbewegung bekannt. Vereinfacht gesagt: Hier wird unter anderem entschieden, wie gut wir die Muskeln in unserem Gesicht oder unsere Zunge bewegen können. Wie wir in der Lage sind, zu sprechen. Oder aufs Klo zu gehen.

Eine Schädigung in diesem Bereich – zum Beispiel dann, wenn man ungebremst frontal mit dem Gesicht auf den harten Boden einer Disco kracht – kann allerdings auch zu schweren Persönlichkeitsveränderungen führen. Forscher haben nachgewiesen, dass ein funktionierendes rechtes Stirnhirn Voraussetzung ist, um das eigene Selbst zu erhalten. Die Betroffenen können eine drastische Herabminderung ihrer intellektuellen Fähigkeiten, ihres psychischen und motorischen Antriebs, ihrer Ausdauer und Konzentrationsfähigkeit erfahren. Und ihres Sozialverhaltens.

Können, Rickels, können. Könnte es also sein, dass eine der Folgen Deines Sturzes die veränderte Wahrnehmung

Deiner Umwelt ist? „Hoch emotional und manchmal nicht ganz realistisch", hat es Deine Schwester beschrieben. Deine ehemals beste Freundin Sandra ist überzeugt davon, dass Du zwar immer noch ein lieber Kerl bist, aber trotzdem ein anderer Mensch als vor Deinem letzten Discobesuch. „Wenn man nicht so funktionierte, wie er es einforderte, war man schnell unten durch", sagt einer Deiner alten Freunde. „War man nicht für ihn, war man gegen ihn", sagt ein anderer.

„Ja", sagst Du heute, „bestimmt habe ich damals häufig sehr emotional reagiert, weil meine Leute nicht so für mich da waren, wie ich es mir gewünscht hätte. Das muss ich mir ankreiden." Aber: „Dass ich ab einem bestimmten Zeitpunkt allein gelassen wurde, ist eine Tatsache." Eine vermeintliche Erkenntnis, die nicht nur dazu führt, dass Du RTL dieses Interview gibst und Dich mit vielen alten Bekannten übel zerstreitest, sondern auch dazu, dass Du sogar aufhören wirst, Dich bei deiner Familie zu melden. Du fühlst Dich unverstanden. Missverstanden. Nicht genug geliebt. Wie damals, als Du als kleiner Junge um die Zuneigung Deiner Eltern kämpfen musstest.

Deine Vergangenheit. Dein Charakter. Die Tat. Die Folgen. Deine Leute. Diese Zutaten ergeben eine explosive Mischung. Und spätestens mit der Ausstrahlung Deiner Story bei *Punkt12* ist die Bombe erstmals hochgegangen. Bei fast allen Beteiligten sind die Narben bis heute sichtbar. Du fühlst Dich noch immer furchtbar einsam, Deinem Erfolg und Deiner Prominenz als Kämpfer gegen die Gewalt zum Trotz. Viele Leute von früher wollen nichts mehr mit Dir zu tun haben. Nach jedem neuen Medienauftritt, in dem das Thema auf Deine früheren Freunde gelenkt wird, kotzen sie sich gegenseitig bei Facebook oder WhatsApp aus. Warum tun sie das, statt direkt den Kontakt zu Dir zu suchen, denkst Du Dir jedes Mal. Du fühlst Dich im Stich gelassen, sie fühlen sich hintergangen. Für Dich ist das alles nichts als die Wahrheit, für sie eine große Lüge. Das ist so traurig, Rickels, wie es sich anhört. Und es erscheint geradezu grotesk, dass dieses Kapitel zu der Geschichte eines Mannes gehört, der Frontmann einer gemeinnützigen Unternehmergesellschaft mit dem Namen First-Togetherness ist. Und gleichzeitig ist diese Einsamkeit auch der Treibstoff, der Dich motiviert, ein Projekt zu verantworten, dass für ein neues gesellschaftliches Miteinander kämpft.

Deinen Kumpel Wasili stört der Bericht hingegen nicht. Er sieht den Beitrag, hört Dich die Sachen sagen, die Du sagst, und denkt sich dann: Alter, mich meinst Du doch damit nicht, oder? Hätte er dieses Gefühl gehabt, hätte er Dich einfach darauf angesprochen.

Wie fragil das Leben doch ist, hat sich Wasili mit Blick auf die zerstörten Freundschaften gedacht. Er kann beide

Seiten verstehen. Für Deine Leute ging das Leben weiter, Deines fing ganz neu an. Für ihn sind am Ende alle Beteiligten irgendwie schuld an dem Dilemma.

Das sind die negativen Folgen von Deiner immer größer werdenden Prominenz. Aber es passieren auch eine Menge toller Dinge. Zum Beispiel die vielen Nachrichten von fremden Menschen, die Dein Gästebuch und Deine Postfächer fluten.

„Hey", schreibt Alice, „wollte dir liebe Grüße aus Berlin schicken und dir sagen, dass ich sehr großen Respekt davor habe, wie du aus einem Scherbenhaufen wieder ein Leben aufgebaut hast. Solltest du mal in Berlin sein, melde dich, dann zeig ich dir gerne mal die Stadt."

„Hi Christoph", textet Chris, „habe gerade den Beitrag über dich auf RTL gesehen, es hat mich zutiefst berührt. Es tut mir leid für dich, ich wünsche dir alles Gute. Wenn du mal eine DVD schauen willst, dann schreib mir."

Nora aus Berlin ist „berührt von Deiner Geschichte. Mach weiter so, bleib stark und lass Dich von der Einsamkeit nicht erdrücken, ich weiß, wie das ist."

Regine möchte „Dir schreiben, dass ich es wahnsinnig toll finde, wie du mit Deinem Schicksal umgehst. Ich bin mir sicher, dass es ganz viele Menschen gibt, die Dich bewundern, einer von diesen Menschen bin ich. Auch wenn ich Dich nicht kenne, so sagt der Bericht schon einiges über Dich aus. Ich wünsche Dir, dass du bald schon neue, wahre Freunde kennenlernen wirst, die Dich so lieben, wie du bist. Du bist einer der Menschen, die diese Welt ein kleines Stückchen besser machen. Bleib, wie du bist!"

Anke lädt Dich zum Chatten bei jappy.de ein. Sabine, die selbst Grundschulkinder betreut, hofft, dass Du mit Deinem Einsatz gegen Gewalt viel bewirken kannst. Jenny schickt Dir „einen schönen Psalm" („Der Herr ist nahe denen, die zerbrochenen Herzens sind, und hilft denen, die ein zerschlagenes Gemüt haben"). Constance berichtet von ihrer Krebserkrankung. Marco spricht Dir seine „absolute Bewunderung aus". Polizist Manu lädt Dich nach Regensburg ein. Klaus aus Torgau fordert „LEBENSLÄNGLICH" für Deinen Täter.

Es sind vor allem diese Reaktionen, die Dir Kraft geben, Dir Mut machen, und Dich darin bestärken, dass Dein Schritt in die breite Öffentlichkeit genau richtig war. Zumal sich daraus auch neue Möglichkeiten ergeben. Und neue Freundschaften. Kurz nach dem viel zitierten RTL-Bericht schreibt Dir ein gewisser Sezer Karakoc eine Nachricht. Sezer ist 1986 mit einer Gehbehinderung in der Türkei geboren worden und lebt seit 1991 in der Nähe von Stuttgart. Der Typ sitzt zwar im Rollstuhl, ist aber aktiver als manche Zehnkämpfer und vor allem: Er hat seine

Behinderung noch nie als Problem wahrgenommen. Er hat Freunde, er hat Frauen – und ein Herz für Typen wie Dich, die mit ihrem Schicksal nicht so lässig umgehen können, wie er das tut. Als er Dir 2012 die Nachricht schreibt, ist er Administrator vom Schwarzen Brett Stuttgart, einer Onlinebörse mit vielen Zehntausend Aktiven. Über Sezers Kontakte wirst Du 2014 auch im Süden erstmals auf Tour gehen, zweieinhalb Wochen bist Du jeden Tag an einer anderen Schule und pennst abends bei Deinem neuen Bekannten, aus dem dann ein neuer Freund wird. Er erinnert sich an seine ersten Eindrücke von Dir: „Christoph war sehr zurückhaltend, sehr unsicher. Weil er sich so einsam gefühlt hat, war er in vielerlei Hinsicht ziemlich gehemmt. Ich wollte ihm zeigen, dass das Leben auch anders sein kann." Also schleift Dich „Curry", wie Sezer von allen genannt wird, von einer Einladung zur nächsten, stellt Dir eine Menge neuer Menschen vor und verpasst Dir die ganz große Spritze sozialer Kompetenz. Ob sie bei Dir wirkt? Sezer hat da so seine Zweifel: „Der Kerl legt sich oft selbst Steine in den Weg. Statt einfach den Moment zu genießen, macht er sich zu viele Gedanken. Statt im Hier und Jetzt zu leben, wühlt er schmerzhafte Erinnerungen auf oder plant viel zu weit in die Zukunft." Je intensiver ihr euch kennenlernt, desto besser weiß Sezer mit Dir und Deinen Macken umzugehen.

„Christoph ist ein totaler Gefühlsmensch. Der braucht Zuneigung und Aufmerksamkeit. Wenn er sie nicht so bekommt, wie er sich das vorstellt, fällt er sehr schnell in ein Loch." Selbst aus der Ferne checkt der Schwabe inzwischen, wenn was mit Dir nicht stimmt. Ein merkwürdiger Beitrag bei Facebook, ein verdächtiges Foto? „Na, Du Spasti", meldet sich dann eine Stimme am Telefon, „was hast Du jetzt schon wieder?"

Du würdest Dir so gerne ein paar Scheiben von diesem verrückten Vogel abschneiden. „Du Arsch", kumpelst Du ihn an, wenn er von einem erfolgreichen Date oder einer tollen Party mit Freunden berichtet, „du bist Rollifahrer und trotzdem klappt das alles. Warum?" Jaja, antwortet Sezer dann, „aber ich sitze nur im Rollstuhl – mehr nicht. Du bist halt noch viel behinderter als ich."

Solche Menschen brauchst Du, nach ihnen sehnst Du Dich. Den Utes aus der Reha, den Sezers, die mit ihrem Beispiel vorangehen. Die Dir in den Hintern treten können, ohne, dass es wehtut. Die Dir den Spiegel vorhalten, ohne, dass Du ihnen dafür böse bist. Die wissen, dass bei Dir damals eben noch mehr zerbrochen ist als bloß Knorpel und Knochen.

Einem dieser Menschen begegnest Du bereits 2011 während einer Reha-Maßnahme in Bad Wildungen. Besser gesagt: In der Rehakantine. Ernesto Plantera ist zu

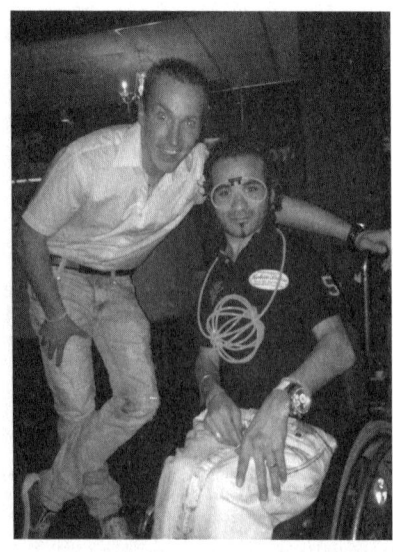

Zwei wie Pech und Schwefel: Christoph neben Kumpel Sezer Karakoc, genannt Curry.

diesem Zeitpunkt mit seinen 38 Jahren noch einer der jüngeren Patienten an diesem Ort, er lässt sich nach einem Bandscheibenvorfall behandeln. Als Du Dich neben ihn an den Tisch setzt, ist Ernestos Interesse geweckt. Wer ist dieser junge Kerl? Und was hat dazu geführt, dass er hier ist? Er fragt Dich, und Du erzählst ihm Deine Geschichte, die ihr vorläufiges Ende zu diesem Zeitpunkt in der noch frischen Präventionsarbeit gefunden hat.

Dann berichtet Dir Ernesto von sich selbst. Wie er als eines von sechs Kindern in recht bescheidenen Verhältnissen aufgewachsen ist. Wie er in der Schule regelmäßig verprügelt wurde – wegen seiner Haare, seiner abgetragenen

Klamotten, seiner schlechten Zähne, seinem Gestotter. Wie er auch zu Hause Dresche bekam, wenn er nicht spurte. Und wie er dann mit 14 den Kampfsport für sich entdeckte und damit endlich einen Weg raus aus der ewigen Opferrolle. Als Kickboxer wurde Ernesto Deutscher Meister, später sogar Europameister – und noch viel wichtiger für ihn: Durch den sportlichen Erfolg bekam er endlich die Bestätigung und das Selbstbewusstsein, das er als Kind so schmerzlich vermisst hatte. Schon mit 20 machte er sich selbstständig in der Sicherheitsbranche, acht Jahre später brachte er seine erste eigene Gewaltprävention an den Start. Motto: „Fit-Kids – Starke Kinder!". Als ihr euch in der Bad Wildunger Kantine trefft, ist Ernesto schon seit vielen Jahren in einem Bereich tätig, den Du gerade erst für Dich entdeckt hast. Auch davon erzählst Du heute Deinen Zuhörern. Wie den Kids in der Haupt- und Realschule von Clausthal-Zellerfeld:

Wisst ihr, eigentlich habe ich ja gar keine Kraft für mich und meinen Körper über. Weil ich nur kämpfen muss. Das ist so schwer und echt schlimm. Aber Gott sei Dank bin ich so geblieben, wie ich immer war. In einer Reha habe ich einen ehemaligen Europameister im Kickboxen kennengelernt. Ey, der Typ ist damals Cheftürsteher von so 'ner Großraumdisco gewesen. Da können 20 so Möchtegerngorillas ankommen, der haut die alle um. Ich habe auch

*schon Weltmeister im Karate kennengelernt. Leute, die sich boxen
können, die prügeln sich nicht. Nie wirst du sehen, dass sie sich
prügeln. Außer im Sport. Der Europameister, der Kickboxer, ist
auch sozial engagiert. Der geht in Grundschulen, in Vorschulen,
und macht mit Kindern Selbstbehauptungstrainings. Mit mir hat
der auch trainiert. Wenn wir uns das Video jetzt angucken, wie ich
mit dem trainiere, da fällt einem schwer zu glauben, dass der Typ
sozial engagiert ist. Das ging so ab. Bei Sit-up Nummer 15 eska-
liert der gleich voll.* (Christoph spielt ein Trainingsvideo mit
Ernesto Plantera ab, der ihn bei seinen letzten Übungen
aus nächster Nähe ins Gesicht brüllt.)

*Ja, das war schon ´ne harte Nummer, aber, ey, genauso brauch ich
das. Man erntet, was man sät. Du musst Gas geben, nur dann wird
irgendwann alles wieder schön. Verdammt, ich habe das immer so gemacht. Wenn du menschlich bist, herzlich bist, fair bist zu anderen
Menschen, auch das kommt zurück. Auch er, der Kickboxer, hat mir
das bewiesen. Als ich neulich bei ihm war, da hat er mich so geehrt,
Alter, das läuft mir noch heute eiskalt den Rücken runter. Er war ja
Europameister, auch Deutscher Meister, in Serie. Dann stehen wir
bei ihm auf der Dachterrasse und dann sagt er zu mir: „Christoph,
bei den ganzen Kämpfen, die du heute führen musst, hast du den viel
mehr verdient als ich." Ey, da schenkt er mir seinen Meisterschafts-
pokal. Das war so krass für mich. Und die Handschuhe, die er bei
seinem ersten Kampf getragen hat. Das ist so ein Herzensding. Das
sind keine Pralinen, die er mir da gibt. Das ist, als wenn er mir ein*

Stück von seinem Herz gibt. Und da habe ich gemerkt: Hey, auch das kommt zurück. Alles. Alles kommt irgendwann zurück.

Ernestisiert hat er Dich, der Ernesto. Nicht nur mit seinen spektakulären Bauchmuskeleinheiten. Das ging gleich damals beim Essen in der Kantine los, als Ernesto Dich fragt, ob Du auch gerne einen Nachtisch haben möchtest. „Sehr gerne", hast Du geantwortet und Dich schon auf den Erdbeerjoghurt gefreut. „Dann steh auf uns hol uns zwei Schalen", sagte Dein neuer Mentor, „du bist der Jüngere von uns beiden." Warum hat er das gemacht? „Weil ich wusste, dass Christoph die Mitleidstour nicht einen Schritt weiterbringt. Ich wollte ihm gleich klarmachen: Wenn du etwas neu lernen musst, dann steh auf und lerne!"

Weitermachen, kämpfen, daran glauben, dass es besser wird – solche Dinge haben in Ernestos Leben schon immer eine große Rolle gespielt, solche Dinge will er nun auch Dir vermitteln. Allerdings wird es noch sechs Jahre dauern, ehe ihr gemeinsam was auf die Beine stellt.

Ernesto findet, dass Du zwei Gesichter hast. Auf der einen Seite ist da der unermüdliche Kämpfer, der seine Story erzählt, um andere stärker zu machen. Auf der anderen Seite der Privatmensch, der in seine alte Opferrolle fällt, sobald er wieder zu Hause ist. Dort fehlt Dir das

Feedback, dass Du bei Deinen öffentlichen Auftritten bekommst. Und darunter leidest Du wie ein Hund. Du fragst Dich, warum das so ist. Und weißt nicht, dass Dir dafür noch zu viele Steine im Weg liegen.

Der unermüdliche Kämpfer findet seine Bühnen dank der neuen Bekanntschaften nun auch immer mehr außerhalb seiner Heimat Norddeutschland. Die Reaktionen sind auch im Rest des Landes überwältigend. Einmal schreibt Dir die Mutter eines Jungen eine E-Mail, und dieser Text geht Dir ganz besonders unter die Haut. Ihr Sohn, erzählt die Frau, habe ihr eigentlich immer Probleme gemacht. Ein Rowdy sei er gewesen, einer, der dauernd Stress gesucht und Probleme magnetisch angezogen habe. Seit er Dich in seiner Schule da vorne hat sitzen sehen, Dich, den früheren Rowdy und Stressmacher, sei ihr Sohn wie ausgewechselt. „Jetzt geht er mit Konflikten ganz anders um." Boah, tut das gut! Die Jugendlichen hören Dir nicht nur zu, sie nehmen Deine Botschaft auch noch mit nach Hause. First-Togetherness. Bei jeder Veranstaltung machst Du wunderbare Erfahrungen. Mädchen, die Dich in den Arm nehmen wollen. Coole Jungs, die Dir sagen: „Der coole Typ bist du!" Und vor Kurzem erst diese Nachricht, die Dir ein Drittklässler aus Luxemburg auf einen Zettel geschrieben und die seitdem einen Ehrenplatz in Deinem Wohnzimmer hat. In noch etwas ungelenker Schrift steht da:

„Du bist der Boss!"

Wow, Rickels. Du hast da wirklich etwas ganz Besonderes geschaffen, das muss man Dir lassen. Kein Wunder, dass Du Deine Geschichte bald schon nicht mehr nur in Schulen erzählst, sondern auch in deutlich weniger einladenden Orten. Eines Tages erreicht Dich die Anfrage eines Mannes, dessen Sohn ihm von Dir erzählt hat. Dieser Mann arbeitet als Justizvollzugsbeamter in der Jugendstrafanstalt Schifferstadt und lädt Dich ein, vor seinen Problemjugendlichen ein paar ernste Worte zu sprechen. Auch hier: Ergriffene Zuhörer, ergreifendes Feedback. Botschaft angekommen.

Noch mal eine ganz andere Nummer ist Dein Besuch in der Justizvollzugs- und Sicherungsverwahrungsanstalt Diez, der einzigen JVA in Rheinland-Pfalz, in der Freiheitsstrafen ab acht Jahren bis lebenslänglich bei erwachsenen Männern vollstreckt werden. Scheiße, denkst Du, als sich die massiven Sicherheitsschleusen hinter Dir schließen, hoffentlich lassen die mich hier auch wieder raus. Deinen Vortrag hältst Du vor Männern, die vom Alter her alle Deine Väter sein könnten. Sie schauen Dir in die Augen, weil sie wissen wollen, ob Du auch wirklich was zu sagen hast. Und dann erzählst Du Deine Geschichte. Als Du fertig bist, kommt einer der Männer auf Dich zu. Mörder, Vergewaltiger, Drogenboss? Du weißt es nicht. Er sieht Dich an und sagt: „Christoph, ich habe noch nie einen so starken Mann gesehen wie dich.'"

Bis heute bist Du mit Deiner First-Togetherness unterwegs. Sprichst vor Schülern. Vor Häftlingen. Opfern. Tätern. Mitläufern. Mut willst Du machen. Kraft geben. Zeigen, dass man selbst mit einem schlimmen Handicap noch Großes bewirken kann. „Ich kämpfe für Gerechtigkeit", steht auf der Startseite Deiner Homepage. „Man erntet, was man sät", lautet Dein Lebensmotto.

Rickels, auf all das kannst Du sehr stolz sein. Aber weißt Du auch, dass selbst der schwerste Kampf irgendwann mal zu Ende gehen muss?

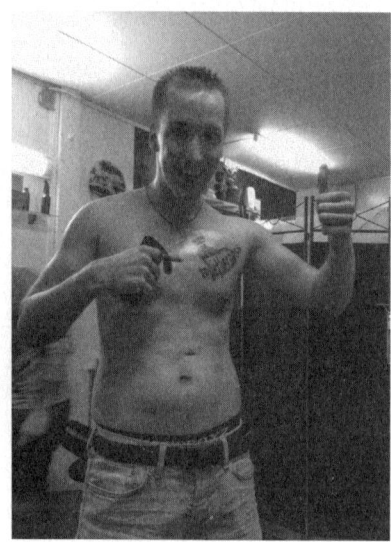

Das erste Tattoo seines Lebens widmet Christoph seiner neuen Aufgabe. First Togetherness ist weniger ein Slogan als vielmehr ein Lebensmotto.

Kapitel 6

VOR GERICHT

Amtsgericht Norden
– Strafabteilung –
8a Ls 132 Js 28154/07 (31/08)

Im Namen des Volkes!
   In der Strafsache gegen den Drucker-Auszubildenden Kai G.
(…) wegen schwerer Körperverletzung hat das Amtsgericht Nor-
den – Jugendschöffengericht – in der Sitzung vom 26. August 2008
(…) für Recht erkannt:
   Der Angeklagte ist der schweren Körperverletzung strafbar.
   Die Schuld des Angeklagten wird festgestellt.
   Die Entscheidung über die Verhängung von Jugendstrafe wird
zur Bewährung ausgesetzt.

Zur Bewährung, Rickels? Zur gottverdammten Bewährung? Während dieses Urteil gefällt wird, befindest Du
Dich noch immer in der Reha, und eigentlich kannst Du
froh sein, dass Du nicht auf den Fliesen dieser Disko ver-
reckt oder als sabbernder Lappen an ein Bett gefesselt

bist. Und der Typ, der Dir all das angetan hat, soll dafür nicht mal in den Knast? Fuck, hättest Du ihn doch besser zusammenschlagen lassen.

In dem Urteil heißt es weiter:

Bei der Strafzumessung war zu berücksichtigen, dass der Angeklagte noch nach Jugendrecht zu beurteilen war. Bezüglich der Strafmessung ergaben sich für das Gericht folgende Gesichtspunkte:

Der Angeklagte hat eingeräumt, auf das Opfer Christof (sic!) Rickels mit der Faust eingeschlagen zu haben. Das Gericht ist davon überzeugt, dass der Angeklagte die infolge des Sturzes eingetretenen Folgen auf gar keinen Fall gewollt hat. Der Angeklagte war dadurch, dass seine Freundin sich offensichtlich häufig mit dem Geschädigten getroffen hat und dies immer wieder tat, obwohl sie ihm versichert habe, dass dort keine Beziehung laufe, so aufgestaut, dass es letztendlich zu dieser Kurzschlusshandlung kam.

Auf gar keinen Fall gewollt? Hat er Dir einfach aus Spaß in die Fresse hauen wollen?

Das Jugendschöffengericht des Amtsgericht Norden befindet:

Dennoch hat der Angeklagte aufrichtig diese Tat und insbesondere die schwerwiegenden Folgen bereut und möchte sie am liebsten vergessen machen.

Nicht nur er. Und bereuen? Was heißt „bereuen"? Seit dem Anruf bei Deiner Schwester hat Kai G. nur noch einmal versucht, Dich zu kontaktieren. Doch da warst Du noch im Krankenhaus und ganz sicher nicht in der Lage, ein solches Gespräch zu führen. Bis heute hast Du nicht ein Wort der Entschuldigung aus seinem Munde gehört. Was bringt es Dir, wenn er diese Tat „aufrichtig bereut"?

Letztendlich sind durch die Kurzschlusshandlung des Angeklagten zwei Leben zerstört worden, nämlich das des Opfers, aber auch das des Angeklagten. Zugunsten des Angeklagten war ferner zur berücksichtigen, dass aufgrund des Gutachtens der Medizinischen Hochschule Hannover (MHH) davon ausgegangen werden muss, dass die Schläge auf den am Boden liegenden Rickels nicht ursächlich für die Verletzungen gewesen sind, sondern das diese bereits durch den Sturz des Opfers hervorgerufen wurden.

Am 2. Juni 2008 haben die Ärzte Tröger und Larsch vom Institut für Rechtsmedizin der MHH festgestellt: „Die Verletzungen im Bereich des Gesichtsschädels befinden sich im gegenständlichen Fall offenbar rechtsseitig (Jochbeinfraktur, Schürfung im Kinnbereich), wohingegen der erste Faustschlag offenbar gegen die linke Gesichtsseite erfolgte. Diese Kontaktverletzungen sind demnach der ersten Phase des Ablaufes und einem Sturz auf das Gesicht zuzuordnen."

Und weiter: „Was die Gehirnverletzungen angeht werden einerseits im konventionellen Computertomogramm Kontusionsblutungen in verschiedenen Lokalisationen (‚diffus') und eine deutliche Kontusionsblutung links occipital (d. i. Hinterhauptsregion) beschrieben. Diese Verletzungen dürften im Wesentlichen dem Kopfaufprall im Rahmen des Sturzes ohne Abfangen zuzuordnen sein."

Was Du zusätzlich erst viele Jahre später im Rahmen eines Vortrags vor Juristen erfahren wirst: Dass sich das Amtsgericht Norden bei seinem Urteil 2008 auf Paragraf 27 JGG beruft. Darin heißt es:

„Kann nach Erschöpfung der Ermittlungsmöglichkeiten nicht mit Sicherheit beurteilt werden, ob in der Straftat eines Jugendlichen schädliche Neigungen von einem Umfang hervorgetreten sind, dass eine Jugendstrafe erforderlich ist, so kann der Richter die Schuld des Jugendlichen feststellen, die Entscheidung über die Verhängung der Jugendstrafe aber für eine von ihm zu bestimmende Bewährungszeit aussetzen."

Im Jugendstrafrecht werden nur dann Gefängnisstrafen ausgesprochen, wenn beim Täter eine „schädliche Neigung" nachgewiesen werden kann. Was der Richter in diesem Fall getan hat: Kai G. vor dem abschließenden Urteil eine zweimonatige Bewährungszeit zu verpassen, um ihm die Chance zu geben, das Gericht zu überzeugen, dass er trotz früherer Vergehen wie Fahren ohne Fahrerlaubnis und trotz der Attacke im Dinis über keine schädliche Neigung verfügt. Und weil sich Kai G. in diesen zwei Monaten zurückhält, kann das Amtsgericht Norden schließlich

nicht feststellen, dass bei dem Angeklagten schädliche Neigungen vorliegen. Das zeigt bereits sein bisheriger Lebenslauf und auch, wie er in der Verhandlung aufgetreten ist. Andererseits muss dem Angeklagten klargemacht werden, dass ein Ausrasten in solchen Situationen auf jeden Fall in Zukunft verhindert werden muss und Probleme auf andere Art zu lösen sind als durch blindes Zuschlagen.

Der Angeklagte Kai G. wird zu einer zweijährigen Jugendstrafe auf Bewährung verurteilt.

Für Dich ist das wie ein zusätzlicher Schlag ins Gesicht. Zwei Jahre auf Bewährung dafür, dass er Dich fast totgeschlagen hat, sind doch keine richtige Strafe! Du wolltest ihn bluten sehen, ihn fühlen lassen, was Du fühlen musstest. Doch weil sich zum Glück niemand zum Handlanger für Deine Selbstjustizfantasien machen wollte, hast Du darauf gehofft, dass Kai G. wenigstens knüppelhart bestraft wird. Knast, hohe Geldstrafe, solche Sachen. Aber doch nicht 24 Monate auf Bewährung!

Rasend vor Zorn nimmst Du dieses Urteil zur Kenntnis. Versuchst irgendwie damit klarzukommen. Aber das ist unmöglich. Es ist eine Sache, so kaputt geschlagen zu werden. Aber noch einmal eine ganz andere, nicht die Gerechtigkeit zu erfahren, die einem vorschwebt. Es ist Dir scheißegal, dass der Richter so gehandelt hat, um das Leben des Täters nicht für immer zu beschädigen. Denn hat er nicht genau das mit Dir getan? Auge um Auge, Zahn um Zahn, zum Teufel mit schädlichen Neigungen, Bewährungszeiten, diesem ganzen winkeladvokatischen Rotz!

Du beruhigst Dich erst wieder, als Dir Dein Anwalt erklärt, dass dieses Urteil eigentlich nur zu Deinem Vorteil ist. Weil: Hätte der Richter Kai G. zu einer hohen Strafe verurteilt und irgendeine Art von Vorsatz oder grober Fahrlässigkeit festgestellt, hättest Du vermutlich ewig auf Deine Kohle warten müssen. So ein Drucker-Azubi schmeißt eben nicht mit den Scheinen um sich, und einem nackten Mann kann man nicht in die Tasche greifen. Da das Gericht davon überzeugt ist, „dass der Angeklagte die infolge des Sturzes eingetretenen Folgen auf gar keinen Fall gewollt hat", also auch nicht damit rechnen konnte, dass du so unglücklich und schutzlos mit dem Kopf auf den Boden schlägst, muss dessen Versicherung für ein etwaiges Schmerzensgeld zahlen. Und die hat das Geld.

Durchatmen Rickels. Scheiß also auf Knast für den Täter. Dann gehst Du hier wenigstens mit einer angemessenen finanziellen Entschädigung raus. Die hast Du auch bitter nötig, denn so hoffnungsvoll Du in die berufliche Rehabilitation startest, am Ende wirst Du doch als arbeitsunfähig eingestuft.

Was Du zu diesem Zeitpunkt noch nicht wissen kannst: Dass die Mühlen der Justiz unerträglich langsam mahlen. Und man als Opfer nicht etwa schnell und unbürokratisch entschädigt wird, sondern einen extrem langen Atem haben muss. Denn die Sache mit der Bewährungsstrafe war ja nur ein strafrechtliches Urteil. So etwas wie Schadensersatz fällt unter das Zivilrecht. Was bedeutet, dass Du nun erst mal eine zivilrechtliche Klage einreichen musst. Wozu Du auch nur in der Lage bist, weil Du über Deine Eltern rechtsschutzversichert bist, sonst könntest Du Dir das eigentlich gar nicht leisten. Apropos: Finanziell hältst Du Dich in diesen ersten Jahren nach der Tat nur deshalb über Wasser, weil Deine Krankenkasse zunächst die Krankenhaus- und Rehakosten übernimmt und Du Sozialhilfe plus Opferrente kassierst. Ach ja: Die Opferrente hast Du ebenfalls erst über einen Juristen erkämpfen müssen. In Deutschland braucht es schon mehr als bloß ins Koma geprügelt zu werden, um als Gewaltopfer mit Rentenanspruch zu gelten.

Große Sprünge kannst Du Dir mit der Knete nicht erlauben. Also ziehst Du 2009 vor das Landgericht Aurich. In der Hoffnung, dass Dir ein angemessenes Schmerzensgeld zugesprochen wird und Du zeitnah die ersten Euros auf Deinem Konto sehen wirst. Armer Rickels, die deutsche Justiz hat doch gerade erst mit Dir angefangen. Vom Landgericht Aurich, dass Dir ursprünglich 140.000 Euro zugesprochen hat, musst Du zunächst mal zum Oberlandesgericht in Oldenburg. Hier wird Deine Klage aufgrund eines Verfahrensfehlers wieder nach Aurich zurückverwiesen. Es dauert sage und schreibe vier Jahre, ehe das Landgericht Dir 170.000 Euro Schmerzensgeld zuspricht. Geflissentlich überhörst Du, wie der zuständige Richter beim Urteilsspruch von einer „Jagd nach Seifenblasen" spricht, weil er ganz genau weiß, dass damit noch lange nicht sichergestellt ist, dass Du die Knete auch wirklich bekommst. Egal, immerhin hast Du jetzt endlich ein handfestes Urteil. Sechs Jahre nach der Tat. Fünf Jahre, nachdem Dein Täter zu zwei Jahren auf Bewährung verurteilt wurde. Das alles ist Dir in diesem Moment egal, selbst die Tatsache, dass sich Kai G. nicht ein einziges Mal bei Dir gemeldet hat, nicht die Größe hatte, Dir ins Gesicht zu schauen und sich bei Dir zu entschuldigen. Dann soll er jetzt halt zahlen. 170.000 Euro sind viel Geld.

Dein Anwalt sieht das anders. Ihm sind die 170.000 zu wenig. Also geht er in Revision. Was selbstverständlich wieder dauert. Zumal dem Gericht erneut ein Fehler unterläuft und es von Aurich wieder nach Oldenburg geht. Noch mal ein Jahr später, 2014, erklärt das Oberlandesgericht, dass dem Kläger Christoph Rickels 200.000 Euro zugesprochen werden, sowie der Ausgleich aller zukünftigen Schäden. Zweihunderttausend, Rickels! Damit kannst Du Dir ein Haus kaufen. Ein schönes Auto. Diese Summe wird die Grundlage für Dein neues Leben sein, das jetzt endlich so richtig beginnen kann. Nach Jahren der Warterei, der ständigen Termine vor Gericht, der unendlichen Telefonate und Schreiben mit Deinem Anwalt, ist das der lang ersehnte juristische Erfolg. Gerechtigkeit, für die Du Dich so lange gedulden musstest. Freu Dich doch mal, Rickels!

Du würdest ja gerne. Aber so richtig kannst Du dem Braten noch nicht trauen. Du bist misstrauisch geworden. Dünnhäutig. Verletzlich.

Und tatsächlich wirst Du mal wieder bitter enttäuscht. Die private Haftpflichtversicherung Deines Täters weist die Forderung der Schadensersatzsumme mit der Begründung zurück, dass ihr Kunde Deine schweren Folgeverletzungen durchaus in Kauf genommen hat. Von wegen „auf gar keinen Fall gewollt". Obwohl doch eigentlich in dem strafrechtlichen Urteil von 2008 bereits schwarz auf weiß festgehalten wurde, dass es sich um keine vorsätzliche Tat gehandelt hat, behaupten die Versicherungsmenschen genau das. Damit stehst Du erneut vor einem Scherbenhaufen, hast mal wieder einen Tiefschlag einstecken müssen, sitzt ausgepumpt und zerbeult in Deiner Ringecke und musst Dir überlegen, ob Du jetzt das Handtuch wirfst, oder weiterkämpfst.

Hast Du eine Sekunde darüber nachgedacht, einfach aufzugeben? Dich mit der Scheiße abzufinden? Dass Du ein Opfer bist, wie man eigentlich nicht mehr Opfer sein kann, und gefühlt trotzdem seit Jahren noch zusätzlich regelmäßig in die Fresse bekommst?

Niemals, sagst Du heute. Du bist immer ein Kämpfer gewesen, früher und jetzt erst recht. Einer wie Du, der sich aus dem Aktivrollstuhl zurück in den Alltag gefightet hat, wird doch jetzt nicht klein beigeben! Wenn Du jetzt das Handtuch wirfst, kannst Du Dir gleich die Kugel geben. Sollen sie Dich ruhig von einem Gericht zum nächsten schicken, sollen die Versicherungsfuzzis mit ihren weichgespülten Absagen Deinen Briefkasten verstopfen, soll der Täter vergessen, was damals im Dinis überhaupt vorgefallen ist, Du lässt Dich nicht unterkriegen. Also schiebst Du Dir den Mundschutz zwischen die Zähne, schüttelst Dich einmal und steigst dann wieder in den Ring. Auf zur nächsten Runde!

Die beginnt damit, dass der Gegner erst mal klammert. Nur zu gerne würdest Du jetzt Justitias Messer wetzen und gegen die Versicherung klagen, doch das wird Dir mit der Begründung verwehrt, dass Du damit dem Täter die Möglichkeit nehmen würdest, selbst diesen Schritt zu gehen. Schließlich blieben die 200.000 an ihm hängen, sollte seine Versicherung nicht zahlen, obwohl er ja nicht mal einen Bruchteil dieser Summe aufbringen könnte. Deshalb hältst Du die Füße still, bis klar ist, dass Kai G. auch nicht die Mittel hat, einen solchen Prozess zu beginnen. Was ja nun bedeutet, dass Du in den Infight mit der Versicherung gehen darfst. Oder etwa nicht?

Inzwischen hat Deine Geschichte schon viele Zeitungsseiten gefüllt, RTL und der NDR haben Dich begleitet, Du bist nicht mehr ein kleines Licht aus Ostfriesland, sondern eine Person des öffentlichen Lebens. Und deshalb zweifelst Du auch nicht daran, die rechtliche Auseinandersetzung mit der Versicherung Deines Täters für Dich entscheiden zu können. Mit Deinem Anwalt wirst Du also vor dem zuständigen Landgericht Lüneburg vorstellig – und erst mal abgewiesen. Angeblich hast Du als Opfer gar nicht das Recht, gegen die Versicherung des Täters zu klagen. Was denn nun? Die haben einen Fehler gemacht, behauptet Dein Anwalt, und dieser Hinweis reicht, um Deinen Kampfgeist nicht erlöschen zu lassen.

Doch so einfach ist das nicht. Zwar sei es, so erfährst Du, wohl möglich, dass ein Opfer gegen die Versicherung des Schädigers vorgeht, allerdings nur, wenn es sich um eine Pflichtversicherung handelt, beispielsweise die KFZ-Versicherung. Bei einer privaten Haftpflichtversicherung – wie der von Kai G. – sieht das schon ganz anders aus. Was für ein elender Hickhack! Schade eigentlich, dass er Dich damals nicht mit dem Auto überfahren hat, dann hättest Du vermutlich schon längst die Kohle und müsstest nicht von einem Gericht zum nächsten hetzen. Denn genau das passiert jetzt.

Eigentlich, vermutet Dein Anwalt, müsste dieses Gesetz in Deinem Fall auch analog für die private Haftpflicht gelten. Und so marschiert ihr vor das Oberlandesgericht in Celle. Auf eine Antwort aus der Herzogstadt kannst Du lange warten. Erst nach vielen Monaten erfährst Du, dass Deine Revision nicht zugelassen wird. Begründung: Du hättest Fristen versäumt. Hä? Kann doch alles nicht sein, sagst Du und gehst noch einen Schritt weiter. Der führt Dich nach Karlsruhe vor den Bundesgerichtshof, die sollen Dir eine Nichtzulassungsbeschwerde genehmigen. Und tatsächlich: Aus diesem Prozess gehst Du als Sieger hervor! Mit breiter Brust tauchst Du erneut in Celle auf. Von wegen versäumter Fristen und dem ganzen Blabla. Nach Deinem Verständnis können sie doch jetzt gar nicht anders, als Dir endlich zu erlauben, Dein Geld von der Versicherung einzuklagen.

Rickels, jeder andere hätte längst die Übersicht verloren. Wie hast Du das damals nur ausgehalten? Und wie bist Du damit klargekommen, dass Dich die Celler Richter erneut abgewiesen haben und Dich dann auch noch gefragt haben, warum Du nicht schon vor vielen Jahren – und damit fristgerecht – gegen besagte Versicherung vorgegangen bist? Eigentlich ist die Sache doch recht einfach: Jemand hat Dich kaputt geschlagen und dafür möchtest Du gefälligst angemessen entschädigt werden. Aber jetzt hängst Du in einer juristischen Endlosschleife fest, in der scheinbar niemand mehr weiß, wo oben und unten ist. Du fühlst Frust. Ärger. Und Verzweiflung. Hilfloses Unverständnis für einen Staat, der ein Gewaltopfer wie Dich scheinbar hängen lässt.

Als Du wieder zu Hause bist, überlegst Du, wie es jetzt weitergehen soll. Die Nacht im Dinis ist jetzt schon bald zehn Jahre her. Dein Täter hat zwei Jahre auf Bewährung bekommen. Für Dich scheint das Urteil „lebenslänglich" zu lauten. Seit Du die Rehaklinik verlassen hast, befindest Du Dich gleich an mehreren Fronten in zermürbenden Kämpfen, die vor allem psychisch ihre Spuren hinterlassen haben. Den Kampf um die Rückkehr in Dein altes Leben, zurück zu den alten Bekanntschaften, hast Du längst aufgegeben.

In der Zwischenzeit bist Du Vater eines Sohnes geworden (worüber im nächsten Kapitel ausführlich berichtet werden wird), doch statt diesen wunderbaren Umstand zu genießen, musstest Du Dir erneut juristische Unterstützung besorgen, um Deinen Jungen überhaupt sehen zu können. Die für Dich so wichtigen Rehamaßnahmen hast Du Dir ebenfalls einklagen müssen. Und jetzt scheinst Du nach so vielen Jahren den Kampf um den Schadensersatz zu verlieren. Dein Anwalt rät Dir, es einfach gut sein zu lassen. Zu akzeptieren, dass Du weder von Kai G. noch von seiner Versicherung jemals spürbar entschädigt werden wirst. Er will tatsächlich, dass Du einen Haken hinter die Sache machst und einsiehst, dass Dich jemand fast totgeschlagen hat, ohne dafür bezahlen zu müssen.

Fuck. Das ist alles so schwer für Dich, Rickels. Jeden Tag sehnst Du Dich nach Normalität, nach einem Leben ohne Gerichtsverhandlungen, nach einer bürgerlichen Existenz als Partner, Vater, abgesichert durch eine Geldsumme, die Du vermutlich längst selbst verdienst hättest, wenn Du die Disco damals als gesunder Mann verlassen hättest. Aber sie lassen Dich nicht. Sie verpassen Dir einen Tiefschlag nach dem anderen, und der Ringrichter ist auf beiden Augen blind. Vielleicht wäre es ja jetzt wirklich das Beste, wenn Du einfach zu Boden gingest und der Kampf beendet würde.

Aber wofür dann all die Anstrengung? Wofür die jahre-lange Warterei, die frustrierenden Urteile, der enorme Aufwand? Du kannst gar nicht anders. Du musst weitermachen. Für Dich. Aber auch für alle anderen Opfer. Seit Jahren hältst Du Deine Vorträge in Schulen und Gefängnissen, vor Heranwachsenden, Gangstern, Polizisten und Menschen, die sich für Deine Geschichte interessieren. Du hast Preise bekommen, wurdest sogar offiziell als Botschafter für Demokratie und Toleranz ausgezeichnet. Du bist Christoph Rickels, der Typ, der auf die Fresse bekommen hat, aber wieder aufgestanden ist. Du kannst jetzt nicht einfach aufgeben.

Und so geht es weiter. Wenn das Oberlandesgericht einen Fehler gemacht hat, bleibt Dir nichts anderes übrig, als erneut vor den Bundesgerichtshof zu ziehen. Dafür benötigst Du einen BGH-Anwalt. Doch Deine Rechtsschutzversicherung verweigert die Kostenübernahme. Zu wenig Aussicht auf Erfolg. Vermutlich haben sie einfach die Schnauze voll. Doch Du hast da noch ein Ass im Ärmel. Dein 2014 viel zu früh verstorbener Vater hat Dir eine Geldsumme vererbt, mit der Du den Kauf Deines Elternhauses finanziert hast. An diesem Punkt in Deinem Leben, wo niemand mehr damit zu rechnen scheint, dass Du noch als Sieger hervorgehen wirst, schaust Du in den Himmel, dankst Deinem Vater und fasst den Entschluss, mit dem Verkauf des Hauses Deinen juristischen Kreuzzug auf eigene Kosten zu finanzieren.

Doch der Anwalt, der Dich schon das letzte Mal bei Deinem Gang nach Karlsruhe vertreten hat, nimmt das Mandat nicht an: Zu wenig Aussicht auf Erfolg. Verdammt, das kann doch einfach nicht wahr sein! Kurz vor Ablauf der Frist findest Du dann doch noch einen BGH-Notfallanwalt, der Deinen Fall übernimmt. Bevor der Prozess beginnen kann, prüft er Deine Unterlagen auf Herz und Nieren. „Herr Rickels", erklärt er Dir, „schmeißen Sie das Geld nicht zum Fenster raus." Stattdessen rät er Dir, Deinen früheren Anwalt mal unter die Lupe nehmen zu lassen. Wie sich herausstellt, scheint der Mann einen Fehler begangen zu haben, der Dir all den ganzen Stress vor den Gerichten eingebrockt hat. So jedenfalls interpretierst Du den Hinweis, ziehst die Klage in Karlsruhe zurück und heuerst 2017 einen neuen Anwalt an, mit dem Du zwei Jahre später erneut in den Kampf ziehst – diesmal gegen Deinen ehemaligen Rechtsvertreter.

Worum geht es da? Laut einem früheren Versicherungsvertragsgesetz hätte Dein Anwalt vom Tatzeitpunkt an zwei Jahre Zeit gehabt, um eine sogenannte Direktfeststellungsklage zu erheben, in der dann festgestellt worden wäre, dass die Haftpflichtversicherung Deines Täters für etwaige Schäden aufkommen muss. Weil er dieser Aufgabe nicht nachgekommen ist, sind diese Ansprüche längst verjährt – für Dich besteht jetzt nur noch die Chance, die

Kohle von der Versicherung Deines alten Anwalts zu bekommen. Wenn Deine Klage von Erfolg gekrönt ist. Weil
das Verfahren noch nicht abgeschlossen ist, während Du
an Deinem Buch arbeitest, musst Du dich mit weiteren
Details zurückhalten, nur so viel: Die Chancen stehen gar
nicht mal so schlecht. Das zeigt sich schon allein daran,
dass Deine Rechtsschutzversicherung bei diesem Verfahren wieder mit an Bord ist. Auch für sie geht es längst um
sehr, sehr viel Geld.

Rickels, ganz vielleicht hat diese ganze Kacke am Ende
doch noch ein Happy End für Dich. Obwohl Du natürlich längst aus eigener Erfahrung weißt, wie lange es dauern kann, bis in Deutschland Recht gesprochen wird.
Und wie fraglich es ist, ob das dann überhaupt etwas mit
Gerechtigkeit zu tun hat. Inzwischen bist Du sogar noch
einen Schritt weitergegangen. Du möchtest einen Präzedenzfall schaffen, Deinen Teil dazu beitragen, dass es Opfer von Gewalt in Zukunft nicht so schwer haben wie Du.

All das bedeutet einen gigantischen Kraftakt, den Du
jetzt schon seit mehr als 13 Jahren leistest. Du tust das
in der festen Überzeugung, für diesen Kampf von einer
höheren Macht quasi vorherbestimmt zu sein. Dieses
Denken, Rickels, ist Fluch und Segen zugleich. Segen,
weil es Dir geholfen hat, eine neue Identität, ein neues Bild von Dir selbst zu kreieren, etwas, dass Du laut

eines Sozialberichtes von 2011 durch die Gewalttat „verloren" hattest. Die Rolle des aufopferungsvoll klagenden Frontmanns für eine Verbesserung der Lebensumstände von Gewaltopfern hast Du in Dich aufgesogen. Sie gibt Dir Kraft und Energie, sie macht Dich stolz und ist Dein Beweis dafür, dass der ganze Mist, der Dir seit September 2007 widerfährt, doch für irgendetwas gut ist. Man hat Dich dafür ausgezeichnet, Bundestagsabgeordnete wie der CDU-Mann Günter Krings, Parlamentarischer Staatssekretär beim Bundesminister des Innern, haben sich öffentlich für Dich eingesetzt, unzählige Medien haben über Dein Schicksal berichtet – und erst im November 2019 erreichte Dich diese E-Mail der SPD-Bundestagsabgeordneten Esther Dilcher, die Dich über die Stellungnahme des WEISSEN RING zum „Entwurf eines Gesetzes zur Regelung des Sozialen Entschädigungsrechts" informiert. Sie hat beim Lesen an Dich denken müssen und fragt Dich, ob auch Du in diesem Gesetzesentwurf eine Verbesserung sehen würdest.

Dieser Gesetzesentwurf könnte ein Meilenstein sein. Nicht nur für Dich, sondern für alle Opfer von physischer und psychischer Gewalt, die seit Jahren, wenn nicht gar Jahrzehnten auf eine Verbesserung in der deutschen Rechtsprechung hoffen. „Opfer einer Gewalttat", heißt es da,

„müssen Leistungen schneller und zielgerichteter als bisher erhalten. Das Soziale Entschädigungsrecht (SER), das auf dem im Jahr 1950 für die Versorgung der Kriegsgeschädigten, ihrer Angehörigen und Hinterbliebenen geschaffenen Bundesversorgungsgesetz (BVG) basiert, soll sich zukünftig an den heutigen Bedarfen der Betroffenen, insbesondere Opfer von Gewalttaten einschließlich der Opfer von Terrortaten, ausrichten. Auch ist der im Bereich der Gewaltopferentschädigung verwendete Gewaltbegriff nicht mehr umfassend genug. Er lässt unberücksichtigt, dass nicht nur ein tätlicher Angriff, sondern auch eine psychische Gewalttat zu einer gesundheitlichen Schädigung führen kann. Mit der Reform der Sozialen Entschädigung sollen die Entschädigungszahlungen wesentlich erhöht werden. Mit einer verpflichtenden gesetzlichen Grundlage für Traumaambulanzen und einem niedrigschwelligen Verfahren für die neuen Leistungen der Schnellen Hilfen soll erreicht werden, dass mehr Betroffene die Leistungen der Sozialen Entschädigung in Anspruch nehmen."

„Das gibt mir Kraft", schreibst Du Frau Dilcher zurück, „da ich immer mehr zum Gesicht für die Deutschen Gewaltopfer werde, und das ist so toll für mich! Des Weiteren möchte ich erwähnen, dass ich mich sehr darüber freue, dass ein Gesetz debattiert wird, nachdem ich über fast 12 Jahre darum gebettelt habe und von diesem

Gesetz jetzt wahrscheinlich selber tatsächlich nichts mehr haben werde."

Soviel zum Segen.

Fluch ist diese Geschichte mit dem nicht enden wollenden Kampf, weil Du Dich oft genug schon verrannt hast, scheinbar unentwegt am Prozessieren bist und dabei gar nicht die Chance hast, auch mal durchzuatmen und wirklich in Deinem neuen Leben anzukommen. Du fühlst Dich einsam, Du wünscht Dir neue Freundschaften, eine Beziehung, ein stabiles soziales Konstrukt – und weißt doch selbst am besten, dass Du für die schönen Dinge im Leben nicht den Kopf frei hast. So ein Kampf kostet Kraft. Kraft, die Du dringend benötigst, um mit Dir selbst und den ganzen schlimmen Erfahrungen ins Reine zu kommen. In Deinem Sozialbericht von 2011 steht: „Es ist nicht abschätzbar, in welchem Maße es Herrn Rickels gelingen wird, die Folgen der Gewalttat zu kompensieren."

Zu den Folgen gehört auch, dass Du einen geradezu paranoiden Verfolgungswahn entwickelt hast. In Deiner Wahrnehmung führst Du nämlich nicht nur eine juristische Auseinandersetzung mit der Versicherung Deines früheren Anwalts, Du hast der gesamten Branche den Kampf angesagt. Sollte Deine Geschichte am Ende tatsächlich zu einem Präzedenzfall werden, könnte das die Versicherer in Deutschland viele Millionen, wenn nicht Milliarden Euro kosten. Seit Du Dir über diese Ausmaße klar geworden bist, vergeht keine Woche, in der Du nicht das sehr unangenehme Gefühl hast, dass sich die Mächtigen dieser Branche gegen Dich verschworen haben. Je mehr Du solche Gedanken zulässt, desto eher vernebeln sie Dir die Sinne. Könnte es nicht sein, dass die Versicherer Deinen Anwalt geschmiert haben, damit auch ihm in dieser Sache entscheidende „Fehler" unterlaufen? Wird Dein E-Mail-Konto überwacht? Warum hat es der Neurologe aus Paderborn abgelehnt, ein Gutachten zu erstellen, damit Du im Rechtsstreit noch ein Argument mehr auf Deiner Seite hast? Wenn Du Dich krank fühlst, bist Du Dir sicher, dass Dir jemand was ins Getränk geschüttet hat. Als Du vor einiger Zeit im Zug saßt, um *Stern TV* ein Interview zu geben und draußen wie aus dem Nichts eine dichte Nebelwand auftauchte, hast Du nicht an Nebel, sondern an eine Rauchgranate denken müssen, einen professionellen Überfall, um Dich noch rechtzeitig vor der Aufzeichnung aus dem Weg zu räumen. Der elektrische Kugelschreiber neulich abends in Deinem Flur, der fing doch nicht von allein an zu leuchten, oder? Im März 2020, mitten in der ersten Infektionswelle von Corona, bist Du wegen anhaltender Sehstörungen in die Notaufnahme gefahren. Deinem Anwalt hast Du anschließend in einer E-Mail geschrieben:

„Unter uns gesagt, habe ich wirklich ab und zu die Gedanken, dass die Versicherungen mich umbringen, bevor ich gewinnen kann. Bei gesunden Menschen könnte man darüber ironische Witze machen, aber bei mir ist es kein Missgeschick, sondern ein nicht endender innerlicher Druck. Mein Leben in der Klage halt."

Hirngespinste, Rickels? Gespeist aus der nackten Angst, schon wieder eine schwere Niederlage hinzunehmen? Von wegen, sagst Du. Da muss man doch nur eins und eins zusammenzählen! Du forderst die Giganten heraus, und die Giganten schlagen zurück. Klarer Fall!

Diese Sache wäre bestimmt eine großartige Gelegenheit für einen talentierten Psychotherapeuten, sein Können unter Beweis zu stellen. Doch Du bist nicht in psychologischer Behandlung. Weil Du dafür, laut eigener Aussage, keine Energie mehr hast. Die steckst Du schließlich in Deine First-Togetherness und die ewigen Prozesse, bei denen außer Dir selbst schon jeder andere die Übersicht verloren hat.

Deine Freunde glauben, dass Du in einer Art Endlosschleife festhängst. Sie wünschen Dir, dass Du mal für ein paar Wochen Urlaub machst und Dich entspannst.

Sie haben alle gut reden. Aber hat einer von ihnen das durchmachen müssen, was Dir widerfahren ist? Hat ihr Leben am seidenen Faden gehangen, weil sie die falsche

Frau anflirteten? Mussten sie wieder lernen, wie man sich nicht selbst in die Hose scheißt? Hat man ihnen mit einem Schlag die Zukunft, die Perspektive, Freundschaften und den sozialen Status genommen? Und wem von ihnen wurde auch nur ansatzweise so oft von der deutschen Rechtsprechung in die Eier getreten wie Dir? Niemandem, Rickels, niemandem. Und deshalb können sie auch nicht verstehen, warum Du immer weiterkämpfen musst. Warum Du nicht damit aufhören kannst, an ein Komplott der Versicherungen zu glauben. Warum Dein Weg noch nicht zu Ende ist.

Gleichzeitig weißt Du, dass sie in vielen Dingen recht haben. Keiner sehnt sich so sehr nach Seelenfrieden, wie Du es tust. Du träumst von dem Tag, an dem Du als strahlender Sieger das Gerichtsgebäude verlässt, Fernsehkameras Dein erschöpftes, aber glückliches Gesicht einfangen, Zeitungen von einem Meilenstein im Kampf für mehr Opferschutz berichten, auf dem dann Dein Name eingraviert ist. Und wie Du anschließend nach Hause fährst, eine tolle Frau kennenlernst, ein Haus baust, überall auf der Welt Vorträge hältst und Deinen Kindern vorm Kaminfeuer von den unglaublichen Schlachten ihres Vaters berichtest. Wie Du wieder ein Gewinner sein kannst. Wie Du endlich erntest, was Du einst gesät hast.

Kapitel 7

MORITZ

Frischen wir kurz Deine Erinnerung an jenes Interview mit RTL auf, das 2012 für so viel Wirbel gesorgt hat. Ganz am Ende des Beitrags fängt Dich die Kamera ein, mit ernster Miene sprichst Du da über Deine Zukunftspläne:

„Ich möchte eine Partnerschaft führen. Ich möchte vielleicht irgendwann mal Kinder haben. Dieses normale Leben. Das ist ein Traum. Aber ich arbeite dran.“

Cut. Die positiven Reaktionen auf die Minireportage sind überwältigend. In vielerlei Hinsicht. Nicht nur, dass Dir wildfremde Menschen schreiben, wie bewundernswert sie Deinen Einsatz im Kampf gegen die Gewalt finden, wie beeindruckt sie davon sind, wie Du mit Deinem schweren Schicksal umgehst, es finden sich auch eine Menge Nachrichten von weiblichen Zuschauern in Deinem Postfach, die Dir schreiben, wie attraktiv sie Dich finden und dass einer wie Du doch nun wirklich keine Probleme haben sollte, eine Freundin kennenzulernen.

Wenn die wüssten. Früher, da warst Du ein eitler Geck, ein blondierter Fitnessstudiobursche mit Samt in der

Stimme, der ganz genau um seine Wirkung auf das weibliche Geschlecht wusste. Seit der Tat, die zum Zeitpunkt des RTL-Berichts ja auch schon wieder fünf Jahre her ist, warst Du mit exakt zwei Frauen zusammen – der Krankengymnastin Nina und einer Dame aus Oldenburg, mit der Du ein kurzes Techtelmechtel genießen durftest. Zwei Frauen in fünf Jahren. Alles in Dir schreit nach einer baldigen Fortsetzung, einem Erlebnis, dass Dir wieder das Gefühl vermittelt, ein Mann zu sein. Mensch zu sein. Diese Sehnsucht nach (körperlicher) Liebe frisst Dich von innen her auf. Und deshalb saugst Du jedes dieser anonymen Komplimente auf wie die Wüste den ersten Regen nach der Trockenzeit.

Irgendwann schreibt Dir Simone *(Name geändert)* eine Nachricht. Simone wohnt in der Nähe von Düsseldorf, ist ein paar Jahre älter als Du und arbeitet in einem Restaurant. Den Nachrichten folgen erste Telefonate, und bald schon hast Du regelmäßig ihre Stimme im Ohr und schwebst auf Wolke sieben, während sie Dir von ihrem Leben erzählt. Es wird noch besser, Rickels. Bei einem eurer nächsten Gespräche fragt sie Dich unverhofft, ob sie Dich am Wochenende nicht mal in Friedeburg besuchen kommen kann. Was für eine Frage! Du musst Dich beherrschen, nicht vor Freude in den Hörer zu jubeln. Jeder junge Mann würde sich über so ein Angebot freuen, aber für Dich ist das nicht einfach die erfreuliche Aussicht auf ein Rendezvous, für Dich erscheint Simones Frage wie die Chance auf ein neues Leben.

Vorfreudig und aufgekratzt wie ein Kind zu Weihnachten stehst Du ein paar Tage später an Deinem Küchenfenster und wartest darauf, dass Simones Wagen auf den Parkplatz fährt. Da endlich tritt sie in Dein Leben, und in Deinem Kopf scheinen die Synapsen Silvester zu feiern. Boah, Rickels, was für eine Granate! Und so eine fährt durch halb Deutschland, um sich mit Dir zu treffen? Wahnsinn. Du kannst Dein Glück kaum fassen, und als Du sie das erste Mal in den Arm nimmst, ist es bereits um Dich geschehen. Ist das wirklich Liebe oder eine Folge der brennenden Sehnsucht nach fremder nackter Haut, von der Du schon gedacht hattest, dass sie nie erfüllt werden würde?

Wie auch immer, jetzt sitzt sie in Deinem Wohnzimmer, stößt mit Dir an, und später am Abend hängt ihr beide auf Deiner Couch und seht euch einen Film an. Diese Heimeligkeit macht Dich glücklich, einfach nur glücklich. Und diese wunderbare Nacht hat ja gerade erst angefangen. Als es an der Zeit ist, ins Bett zu gehen, fragst Du Deinen Gast höflich, ob sie lieber im Gästezimmer oder neben Dir einschlafen möchte. Simone entscheidet sich für Dein Schlafzimmer. Da liegt ihr nun, und Du bekommst das Grinsen nicht mehr aus Deinem Gesicht.

Was passiert hier nur? Aus ersten Berührungen werden Umarmungen, Küsse, Hände, die unter Kleidung gleiten, und als klar wird, dass ihr miteinander Sex haben werdet, willst Du ins Badezimmer eilen, um die Kondome zu holen, die dort schon viel zu lange auf ihren Einsatz warten. Komm wieder ins Bett, sagt Simone. Die Kondome brauchen wir nicht. Ich nehme die Pille. Eine Stimme sagt Dir, dass das keine gute Idee ist, aber diese Stimme willst Du jetzt nicht hören, deshalb sperrst Du sie weg, vertraust dieser lieben, herzlichen, wunderbaren Frau und schläfst mit ihr. Mein Gott, Rickels, ist das schön.

Am nächsten Tag fährt Simone wieder nach Hause. Sie lässt Dich mit dem seligen Gefühl zurück, die Frau fürs Leben gefunden zu haben. Aus dem zaghaft bei RTL geäußerten Wunsch ist Realität geworden. Eine Partnerschaft. Der Weg zurück in ein normales Leben.

Die nächsten Wochen reitest Du auf der Welle einer Euphorie, die Du nicht mehr für möglich gehalten hattest. Ganz oben auf einer rosaroten Wolke sitzt Christoph Rickels, ehemals Opfer, jetzt Liebhaber und Verliebter, und schaut staunend herab auf die spektakulären Entwicklungen in seinem Leben. Der Streit vor Gericht, die Erinnerungen an die schlimme Nacht im Dinis, die täglichen Frustrationen mit Deiner Behinderung – all das spielt jetzt keine Rolle mehr. Die Schmetterlinge in

Deinem Bauch scheinen den Staub der Vergangenheit endlich aufgewirbelt zu haben. Frei fühlst Du Dich. Und geliebt. Über das Telefon versichert ihr euch jeden Tag, was für ein besonderer Moment das war, als ihr gemeinsam in Deinem Bett in Friedeburg lagt und dachtet, dass diese Nacht nie zu Ende gehen würde.

Eines Tages ruft sie Dich an und sagt Dir, dass sie schwanger ist. Deine erste Reaktion? Du freust Dich riesig! Genau das hast Du doch unbedingt haben wollen: Eine Frau, ein Kind, eine Familie. Daran, dass das doch irgendwie alles viel zu schnell geht, denkst Du nicht. Auch nicht daran, was diese überraschende Schwangerschaft vielleicht mit Simone macht. Ihre Gedanken an eine mögliche Abtreibung wischt Du ganz schnell vom Tisch. „Darüber solltest Du nur nachdenken, wenn Du mich verlassen wollen würdest." Ein Satz, den Du heute bereust, damals erscheint Dir so ein Szenario völlig abwegig. Enthusiastisch stürzt Du Dich in die Aufgabe als werdender Vater, fährst zu ihr, begleitest sie zum Arzt und malst die Zukunft in bunten Farben an die Wand. Mit Bleifuß bretterst Du durch diese Zeit, all das, was Du in den vergangenen Jahren so vermisst hast, willst Du jetzt in Rekordzeit nachholen. Das ist so verständlich, Rickels. Wirkt aus heutiger Perspektive aber auch viel zu überhastet. Wie ein kleiner Junge, der unbedingt schwimmen lernen will und sich dafür aus einem Speedboat in den offenen Ozean stürzt.

Irgendwann wird eure Kommunikation immer einseitiger. Du spürst, wie sich Simone nach dieser ersten Kontaktaufnahme, die enger nicht sein konnte, wieder Stück für Stück von Dir entfernt. Aber das kannst und willst Du nicht zulassen. Wenn Du ihr nur zeigst, wie groß Deine Zuneigung und Deine Liebe ist, wird das schon alles klappen, oder? Du schreibst ihr Briefe. Schneidest Videos zusammen. Schickst ihr Gedichte wie dieses:

Eines, ja, das sollst Du wissen!
Immer werd ich Dich vermissen!
Bist Du einmal nicht bei mir,
werde ich ganz schnell zum „Tier"!

Ein Tier ist ehrlich,
ich dann auch.
Es kribbelt dann in meinem Bauch!
Ich habe Angst, Dir geht's nicht gut,
für Dich habe ich ganz schnell den Mut!

Ich gehe barfuß
durch das Feuer!
Besiege jedes Ungeheuer!

Mache jeden Fluss zu Sand,
bring Eis ja, hast Du Dich verbrannt!

Ich kann es noch nicht ganz verstehn,
doch ich konnt es wirklich sehn!
Das Baby, ja, in Deinem Bauch!
Auch das vermiss ich heute auch!

Für euch werd ich durchs Feuer gehen!
Jedes Rätsel schnell verstehn!
Ich werde dieser Papa sein,
nicht nur hier, in diesem Reim!

Simone,
Baby,
ICH LIEBE EUCH!

Doch die Distanz zwischen euch wird dadurch nur immer noch größer. Wie kann das sein? Wie ist das möglich, wo Du doch alles für sie und euer ungeborenes Kind tun würdest? Und warum ist da niemand, der Dich mal zur Seite nimmt und Dir erklärt, dass Frauen häufig Dinge tun, die kein Mann dieser Welt je verstehen wird?

Du kennst diese Frau erst seit ein paar Monaten, aber Dir kommt es vor, als wären es schon Jahre. „Simone", schreibst Du ihr, „warum sehe ich Dich so selten, ich verstehe das alles nicht. Ich vermisse Dich." Meistens setzt Du Dich dann in Dein Auto und fährst die 300 Kilometer zu ihr. Aber die Zeichen verdichten sich, dass da irgendwas ganz gewaltig aus den Fugen geraten ist. Simones Nachbar ist ein guter Freund von ihr, Dich macht diese offenbar enge und vertraute Beziehung eifersüchtig. Einmal bist Du bei ihr, als er mal wieder anruft und sich Simone mit den Worten verabschiedet, sie müsse mal eben rüber, ihrem Freund helfen. Stundenlang bleibt sie bei ihm, so hast Du es jedenfalls in Erinnerung. Am liebsten wärst Du einfach nach Hause gefahren. Es wird nicht die einzige schmerzhafte Erfahrung dieser Art bleiben.

Eines Abends passiert dann folgendes: Simone sagt Dir, dass sie Dich sehen muss, springt in ihren Wagen und fährt dann durch die Dunkelheit zu Dir. Es ist schon spät in der Nacht, als sie vor Deiner Tür steht. Dein Gedanke: Toll, wenn sie zu so einer Uhrzeit noch eine so weite Strecke auf sich nimmt, um Dich zu sehen! Dann wird ja jetzt doch noch alles gut werden.

Naiver Rickels. Denn Simone ist nicht gekommen, weil sie so eine große Sehnsucht nach Dir hatte, sie lässt sich zur Begrüßung nicht mal in den Arm nehmen. „Was soll das?", fragst Du. „Willst Du Schluss machen, oder was?" Darauf kann Dir die Mutter Deines werdenden Sohnes keine klare Antwort geben. Sie druckst herum, Du versuchst sie erneut in den Arm zu nehmen, aber wieder entzieht sie sich Deiner Nähe, und in diesem Augenblick krachst Du innerlich zusammen. Die von Dir mit so viel Fantasie erbaute Zukunft ist nichts weiter als ein Scherbenhaufen. Hilflos, zornig, aufgelöst läufst Du durch Deinen Flur, Du würdest am liebsten schreien, heulen, oder noch besser: eine Erklärung für die ganze Katastrophe bekommen, die sich hier anbahnt, aber stattdessen entladen sich Deine Emotionen darin, dass Du Dir selbst ins Gesicht schlägst. Warum Du das tust? Du weißt es nicht. Eine Kurzschlussreaktion, eine durch und durch hilflose Geste.

Simone reagiert entsetzt. Schreiend rennt sie aus Deiner Wohnung. „So was muss ich mir nicht geben, Du bist ja gefährlich!" Da weißt Du, dass Du sie vermutlich für immer verloren hast, und diese Erkenntnis bringt das Fass zum Überlaufen. Sie reißt die Tür ihres Autos auf, springt rein und rast davon. Du in Deinem Auto hinterher. Blind vor Zorn und Angst fährst Du ihr nach, versuchst sie zu überholen, sie zum Anhalten zu bewegen, tust Dinge, die man nie im Leben tun darf.

Endlich gibst Du diese gruselige Verfolgungsjagd auf und lässt sie ziehen. Auf der B436 Richtung Leer verschwindet die schwangere Simone in der Nacht. Und mit ihr, wie Dir scheint, Dein gesamtes Glück und Deine Hoffnung auf eine bessere Zukunft.

Das ist das Ende eurer Beziehung. Bis heute verstehst Du nicht, was damals eigentlich genau passiert ist. Deine emotionale Reaktion war heftig und bestimmt beängstigend, klar, aber auch von Simone hättest Du ein feinfühligeres Verhalten erwartet. Oder zumindest irgendeine Erklärung, die ihr Verhalten erklärt. Du willst doch nur lieben und glücklich sein. Jetzt bleibt Dir nur eine schmerzhafte Ohnmacht.

Hätte sie Dir nicht einfach offen und ehrlich sagen können, dass sie keine Gefühle für Dich hegt oder vielleicht mit Deiner Behinderung nicht zurechtkommen kann? Aber so einfach ist das manchmal nicht, Rickels. Zumal dann, wenn aus diesem kurzen Techtelmechtel auch noch ein Kind entsteht. Simone mag aus Deinem Leben verschwunden sein, aber Dein Sohn wird für immer Dein Sohn bleiben. Auch wenn Du ihm nicht der Vater sein kannst, der Du immer sein wolltest.

Von Moritz Geburt erfährst Du nur dank Simones Schwester. Sie ist es auch, die das erste Kennenlernen von Dir und Deinem Sohn organisiert. Mit Dir zusammen sein will Simone nicht mehr. Ein Umstand, der Dir damals in der Seele brennt, an dem Du aber, das weißt Du jetzt, nichts mehr ändern kannst – und willst. Aber

Du kannst versuchen, Deinem Sohn trotz allem ein guter Vater zu sein.

Alle zwei Wochen versuchst Du in der ersten Zeit bei Moritz zu sein. Ein physisch, wie psychisch enormer Aufwand für einen Mann, der zu 80 Prozent behindert ist. Am Anfang lässt Simone euren Sohn nicht aus den Augen, später dann lässt sie Dich auch mal allein mit ihm. Deine Mutter und Deine Großtante begleiten Dich oft, ganz ohne Unterstützung traust Du Dir das nicht zu. Es gibt einige tolle Fotos aus dieser Zeit und auch ein Video, wo man euch beide eine Rutsche runtersausen sieht. Du siehst so glücklich darauf aus, Rickels. Und sitzt doch ein paar Stunden später schon wieder in Deinem Auto und fährst zurück in Deine leere Wohnung. Zurück in Deine Wirklichkeit, die sich vor allem um den endlosen Streit für Gerechtigkeit und Schadensersatz dreht.

Weil dieser Kampf Deine Energie aufzufressen scheint, werden die regelmäßigen Treffen immer belastender für Dich. Der Traum von einer gemeinsamen Familie ist längst zerplatzt, die paar Stunden mit Deinem Kind sind jedes Mal wunderschön, brechen Dir aber auch immer wieder das Herz. Eine Zeit lang nimmst Du Dir vor Ort ein Hotelzimmer, um den Stress zu verringern, aber dann fehlt Dir einfach die Kraft. Es macht die Sache nicht besser, dass Simone Dich in all der Zeit nicht auch mal mit

Moritz in Friedeburg besuchen kommt. Heute glaubst Du, dass sie vermutlich ganz froh darüber gewesen wäre, wenn Du das Vatersein einfach aufgegeben hättest. Damals schaltest Du eine Anwältin ein, um das geteilte Sorgerecht zu erwirken und vor allem eine klare Regelung, dass die Mutter Deines Kindes euren Sohn auch mal zu Dir bringt. Wieder kann Dir vor Gericht nicht geholfen werden, laut Gesetz bist Du als Vater in der Pflicht, den Umgang mit Deinem Nachwuchs zu organisieren. Sprich: Wenn Du nicht zu Moritz fährst, kannst Du ihn auch nicht sehen.

In dieser Phase, da Dir die Beziehung zu Deinem Jungen aus den Händen zu gleiten scheint, verarbeitest Du Deine Emotionen in Gedichten: „Poesie von Christoph Rickels für seinen Engel Moritz". Eines lautet:

Wenn Dein Ziel ein gutes ist
Und Du ganz herzlich kämpfst,
Mach weiter, bis Du Sieger bist,
Sei offen, nicht verklemmt.
Auch wenn es manchmal nicht so scheint,
Bist Du so ganz vorn im Feld.
Fair wird immer Sieger sein,
Und das auf der ganzen Welt.

Nutze keinen Menschen aus,
Sei gerecht zu jeder Zeit.
Auch wenn man Dir oft Fallen stellt,
Bist Du der, der am Ende schreit.
Du schreist vor Glück,
Dein Feind, der geht,
Denn ja: Man erntet, was er sät.

Ein anderes lautet:

Nicht jeder Schritt tut einem gut,
Und manchmal, da bereut man ihn.
Doch Fehler, die gehör'n dazu,
Auch wenn alles einfach schien.
Der lange Weg, man nennt ihn Leben,
Ist kein Spiel, doch auch kein Krieg.
Leb ihn, wie's Dein Herz Dir sagt,
Moritz, mein Schatz, das wird Dein Sieg.

Das wird Dein Sieg. Und Deiner? Wie sieht der aus? Kannst Du überhaupt gewinnen bei dieser Geschichte?

Irgendwann glaubst Du, dass es stattdessen nur Verlierer geben kann, wenn es so weiter geht, wie bisher. Simone, euren Sohn, Dich. Also gibst Du auf. Verzichtest darauf, Moritz weiterhin regelmäßig zu sehen, den Kontakt zu ihm aufrechtzuerhalten. In vielerlei Hinsicht fällt Dir diese Maßnahme so schwer wie noch nie etwas in Deinem Leben. Aber was hat Dein Sohn davon, wenn Du Dich so kaputt machst, dass Du überhaupt kein Vater mehr sein kannst? Du schaffst das alles nicht mehr. Die Klagen. Das Leben mit der Behinderung. Die soziale Entfremdung. Das Dasein als Wochenend-Papa auf Distanz. Du musst einen Schlussstrich ziehen. Und versuchst den ganzen Wahnsinn in einem Brief zu verarbeiten:

Hallo, mein Sohnemann,

es tut mir so fürchterlich leid, dass ich es nicht geschafft habe, meinem Kind eine Familie zu machen, die ich selber immer vermisst habe.

Ich muss weinen und ich verspreche Dir eins, mein Schatz: Ich verspreche Dir, dass ich für Dich da bin. Ich werde bei Dir sein, so oft ich kann. Ich werde Dich beschützen, wenn Du in Not bist. Ich werde Dich in den Arm nehmen, wenn Du meine Nähe brauchst. Und ja, mein Sohn, ich werde Dich stolz machen.

Wenn Du alt genug bist, um das hier zu verstehen, werde ich hoffentlich alle Hürden überwunden haben, die zwischen uns stehen. Ich verspreche Dir, dass es niemandem gelingen wird, Dir Deinen Vater zu nehmen.

Ich habe Dir einen Flamingo mitgebracht. Mit diesem Flamingo habe ich einige Zeit gekuschelt. Ich möchte, dass Dich etwas an mich erinnert, wenn ich nicht da bin. Ich hoffe, dass Du lange an diesem Kuscheltier schnuppern kannst und an mich denkst. Der Flamingo ist der Bote der Liebe.

Und ja, mein Schatz, ich liebe Dich.

Erst viele Jahre später, während der Arbeit an diesem Buch, hast Du wieder Kontakt zu Deiner Ex. Du fragst nach Fotos von eurem Sohn, und sie schickt Dir welche. Ein kleiner Junge, der im Pool plantscht und auf dem Spielplatz tobt. Dein Sohn. Doch was wird aus diesem zart geknüpften Band? Es zerreißt nach nur wenigen Nachrichten.

Gibt es eine Moral von dieser Geschichte? Nein. Was bleibt ist die schmerzhafte Erfahrung an eine kurze Liebschaft, die zwar ein wunderbares Kind zum Ergebnis hatte, aber Dir ansonsten nicht das brachte, was Du Dir doch so leidenschaftlich wünscht. Eine langfristige und vertrauensvolle Partnerschaft. Heimeliges Familienleben. Geborgenheit. Und ein Ende Deiner Einsamkeit, in der Du Dich so verloren hast.

Kapitel 8

RAMPENSAU

Deine Behinderung. Die verlorenen Freundschaften. Die Einsamkeit. Der juristische Eiertanz. Die Geschichte mit Deinem Sohn. Boah, Rickels, das ist alles so wahnsinnig schwer. Wie viele Nackenschläge kann ein Mann ertragen, ehe er zu Boden geht? Darauf hast Du keine Antwort. Aber Du weißt, was Dich buchstäblich am Leben gehalten hat. Du kennst den Grund dafür, warum Du heute vor Schulklassen, Gefängnisinsassen oder Prominenten stehst und ihnen sagst, dass Dein Leben trotz allem eine ganz neue Qualität gewonnen hat. Das es „richtig geil ist", um es mit Deinen Worten zu sagen.

Es ist Dein Engagement für die First-Togetherness, Deinem Baby, Deinem Fundament. Deinem Lebenselixier. Seit Du damals den ersten Vortrag in der Schule Deiner Cousine gehalten hast, ist wahnsinnig viel passiert. Mit den vielen Hundert Nachrichten, die Du von wildfremden Menschen bekommen hast, könntest Du Deine Wohnung neu tapezieren. Man darf nicht unterschätzen, welche Wirkung diese Zeilen auf Dich haben. Sie bestätigen Dir, dass Du doch noch etwas aus Deinem zerschlagenen Leben gemacht hast. Etwas Großes, etwas Wichtiges. Etwas, das Deinem Leben ein Sinn gibt und Dir dabei hilft, Dich Vortrag für Vortrag, Preis für Preis, aus Deiner Opferrolle zu befreien. Du bist nicht mehr die arme Sau, die vor einer Disco zusammengeschlagen wurde, nicht mehr der sabbernde Komapatient, nicht mehr der vom Leben gezeichnete, Du bist der Typ, der die Eier hat, sich trotz seiner physischen und psychischen Einschränkungen vor fremde Menschen zu stellen und ihnen mit seiner Geschichte Mut zu machen. Und das ist schlicht und einfach bewundernswert.

Gleichzeitig liebst Du das Scheinwerferlicht. Die Bühne. Die Aufmerksamkeit. Aus Deinem früheren Leben gibt es ein wackliges Amateurvideo, dass Dich in Deiner Rolle als Schulsprecher bei der Verabschiedung in der Aula zeigt. Kurze, blonde Haare, Gewinnerlächeln, charmante Worte, man spürt förmlich, wie Du die Lacher, den Applaus, das Interesse an Deiner Person aufsaugst, wie Du davon aufgepumpt wirst wie ein Luftballon. Dieses Bedürfnis nach Anerkennung ist geblieben, und trotz Deiner Behinderung bist Du eine Rampensau geblieben, Rickels. Du trällerst jetzt keine Lieder mehr, versuchst nicht, die Ladys mit smarten Sprüchen zu bezirzen und um den kleinen Finger zu wickeln oder die Zuschauer mit Deiner „Die Welt liegt mir zu Füßen"-Attitüde für Dich zu gewinnen. Du erzählst die tragische Geschichte von Christoph Rickels und warnst eindringlich vor den Folgen von Gewalt und Hass. Deine Zuhörer lachen jetzt nicht mehr, aber sie reagieren höchst emotional auf Deine Auftritte. Und damit hast Du schon mehr Menschen erreicht, als Du je zu träumen gewagt hättest. Zeitungen und Fernsehsender haben über Dich und Deine Arbeit berichtet, Du hast Interviews gegeben und in Talkshows gesessen, vor allem aber bist Du zu einem Frontmann im Kampf gegen die Gewalt geworden. In einer gesellschaftlichen Sphäre, in der es zum guten Ton gehört, dass man sich ab und an mal auf die Fresse haut, ist das eine ziemliche große Aufgabe.

Einer Deiner Fans heißt Jürgen Köhn. Kriminalhauptkommissar, Landeskriminalamt Niedersachsen, Dezernat 32: Zentralstelle Prävention. Der Polizist weiß aus eigener Erfahrung, dass einer wie Du extrem selten ist. Die meisten Opfer einer Gewalttat stellen sich nicht vor Schulen oder Prominente oder schreiben ein Buch darüber, was ihnen angetan wurde und wie sie damit fertig werden mussten. Viele aus Angst, noch mehr aus Scham. Zum Glück hat der Kämpfer in Dir die Angst verdrängt, zum Glück kennt die Rampensau kein Schamgefühl. Oder zumindest sehr wenig.

Der LKA-Mann hat sich kein einfaches Arbeitsgebiet ausgesucht. Über Prävention und Aufklärung werden keine

Netflix-Serien produziert, und dann ist da noch die große Aufgabe, dass einem überhaupt zugehört wird. Polizisten, die sich vor Schulklassen stellen, um davon zu erzählen, wie gefährlich Gewalt sein kann, müssen froh sein, wenn man sich eine Stunde später noch an sie erinnert. Als Köhn Dich das erste Mal in einer Schule in Wilhelmshaven sprechen sah, war es mucksmäuschenstill im Raum. Selbst die Rowdys und Klassenkasper in der letzten Reihe hielten den Mund und hatten einen Kloß im Hals. Andere weinten. Fasziniert konnte Köhn beobachten, wie Du Deine Message in den Gehirnen Deiner jungen Zuhörer verankerst, höchst erfreut nahm er zur Kenntnis, dass die Lehrer davon berichteten, dass sie ihre Klassen noch nie so aufmerksam erlebt hatten.

Du hast das drauf, Rickels. Du sprichst die Sprache der Jugend. Du bringst die Kids zum Lachen und Minuten später zum Weinen. Sie vertrauen Dir. Sie glauben Dir, wenn Du sagst, dass Gewalt immer auch Leid bedeutet. Weil Du dafür nur auf Deine gelähmte Körperhälfte verweisen musst. Du bist authentisch, willst aber nicht nur mahnend den Zeigefinger heben. All das beeindruckt Deine zumeist jugendlichen Zuhörer ungemein. Und das wiederum beeindruckt einen wie Köhn, für dessen Ziele einer wie Du sehr wertvoll ist. Unabhängig davon, dass er Dich für Dein Wesen, Deine Kraft und Dein charismatisches Sendungsbewusstsein bewundert. Wenn eine Geschichte zeigt, dass Gewalt keine Lösung ist, sondern nur kaputt macht, wenn eine Geschichte beweist, dass es nur einen verdammten Schlag braucht, um alles zu verändern, dann ja wohl Deine. Es ist traurige Realität, dass Du mit Deinem Schicksal nicht allein bist, dass es viele gibt, die es sogar noch schlimmer erwischt hat, aber sie trauen sich mit ihrer Story nicht auf eine Bühne oder vor eine Kamera. Du gibst diesen Menschen eine Stimme, ein Gesicht – und damit ein Stück ihrer Würde zurück. Klingt furchtbar kitschig, aber genauso ist es.

Für Deinen Einsatz bist Du schon früh ausgezeichnet worden. 2012, also kurz nach Deinen ersten Auftritten im Rahmen Deiner First-Togetherness stellte sich Niedersachsens Innenminister Uwe Schünemann auf die Bühne im Hannover Congress Centrum und sprach in die Mikrofone: „Sie sind die wahren Vorbilder, die ihre Zeit für die Gesellschaft investieren, damit Gewalt und Unrecht keinen Platz finden!" Und noch so ein großer Satz: „Zivilcourage erstreckt sich über alle Lebensbereiche, wenn es darum geht, mutig für Gerechtigkeit und das faire Austragen von Konflikten einzutreten." Damit meinte er unter anderem Dich, Rickels, denn Dich zeichnete er anschließend neben zwei Frauen mit dem „Preis für Zivilcourage"

URKUNDE

FÜR

HERRN CHRISTOPH RICKELS

ZUM DANK UND ALS ANERKENNUNG
FÜR ZIVILCOURAGIERTES ENGAGEMENT

„ICH HABE RESPEKT VOR IHREM WEG ZURÜCK IN EIN SELBSTBESTIMMTES
LEBEN UND DANKE IHNEN FÜR IHREN EINSATZ FÜR EIN
ZUSAMMENLEBEN OHNE GEWALT UND IHR GROSSES ENGAGEMENT FÜR
MEHR MITMENSCHLICHKEIT UND TOLERANZ."

HANNOVER, DEN 21. SEPTEMBER 2012

UWE SCHÜNEMANN
NIEDERSÄCHSISCHER MINISTER FÜR INNERES UND SPORT

„Für ein Zusammenleben ohne Gewalt" – 2012 erhält Christoph seine erste namhafte Auszeichnung, es wird nicht das letzte Mal sein, dass er für seinen Einsatz geehrt wird.

aus. Eine Würdigung von höchster Stelle, ein erster Ritterschlag für den Präventionsneuling aus Friedeburg.

Schon verrückt. Früher hast Du Dich auf Schützenfesten geboxt, hast Deine Konflikte meistens mit der Faust klären wollen, wurdest von einer Faust aus dem Leben geschlagen, und nun stehst Du ausgerechnet als Opfer von Gewalt für ein friedliches Miteinander ein.

Zwischenfrage: Hat Dich die ganze Scheiße vielleicht zu einem besseren Menschen gemacht? Oder bist Du einfach ein mutiger Mensch, für den die Aufklärung und

Prävention auch aus ganz egoistischen Gründen geradezu lebenserhaltende Maßnahmen sind? Vermutlich liegt die Wahrheit wie immer irgendwo dazwischen.

Für Jürgen Köhn, Niedersachsens Frontmann in Sachen polizeilicher Prävention, bist Du auch deshalb ein Vorbild, weil man „bei ihm nie das Gefühl hat, dass er seine Story nur verkaufen will".

Das Jahr 2015 beschreibst Du bis heute als Deinen „Jackpot". Als Wiederbelebung und eigentlichen Startschuss in Dein neues Leben. Im März erreicht Dich ein Brief vom BfDT, dem Bündnis für Demokratie und Toleranz gegen Extremismus und Gewalt. Zur Jahrtausendwende haben das Innen- und das Justizministerium dieses Bündnis ins Leben gerufen, das jedes Jahr den Preis „Aktiv für Demokratie und Toleranz" vergibt. Nervös reißt Du den Briefumschlag auf:

Sehr geehrter Herr Rickels,

der Beirat des BfDT hat Ihre Aktivitäten als herausragendes zivilgesellschaftliches Engagement eingestuft und Sie zu einem von fünf Preisträgern des Bündnispreises „Botschafter für Demokratie und Toleranz" bestimmt, der mit 5000 Euro dotiert ist. Ihre Initiative wurde aus 246 Vorschlägen ausgewählt und von nachfolgenden Personen vorgeschlagen: MdB Dr. Stefan Kaufmann, MdB Hans-Werner Kammer, Bürgermeister der Gemeinde Friedeburg Helfried

Goetz, Geschäftsführer der Werkstätten für behinderte Menschen Aurich-Wittmund gGmbH Manfred Zägel, SPD-Gemeinderatsmitglied Böblingen Martin Decker, Leiter der Schule „Altes Amt Friedeburg" Stefan Wilms, Projektorganisator BW von First-Togetherness Sezer Karakoc, Vorsitzender der Förderung der kommunalen Prävention Wilhelmshaven e. V. Horst Heitmann sowie Anja Filipovic von der Marie-Curie-Realschule Mannheim. Dazu möchten wir Ihnen ganz herzlich gratulieren.

   Mit freundlichen Grüßen,

   Dr. Gregor Rosenthal

   – Leiter der Geschäftsstelle –

Wow, Rickels. Die nächste Auszeichnung. Nicht etwa von Deinem Ortsbürgermeister, das hättest Du ja verstanden. Nein, letztlich vom Bundesinnenminister Thomas de Maizière und seinem Amtskollegen, Justizminister Heiko Maas. Du kleiner Dorfostfriese wirst als nationaler Botschafter für Demokratie und Toleranz ausgezeichnet, das ist doch vollkommen verrückt.

Schon allein dieser Brief gibt Dir einen gigantischen Energieschub und das Gefühl, trotz aller Nackenschläge auf dem richtigen Weg zu sein. Mit breiter Brust fährst Du zur Preisverleihung nach Berlin. 700 Menschen sind ins „Haus der Berliner Festspiele" eingeladen. Eine Jazz- und Soulcombo spielt aus ihrem Album mit dem Titel *Beautiful*

Stranger, und weil Du eh schon auf Wolke sieben durch den Saal schwebst, fühlst Du Dich in Deinem schicken lachsfarbenen Hemd natürlich angesprochen.

Unter den Preisträgern befindest Du Dich in illustrer Gesellschaft. Da ist die Magdeburgerin Juliana Gombe, die Nachhilfe für Flüchtlingskinder gibt und den Familien durch den deutschen Behördendschungel hilft. Musiker Peter Maffay, der für seine Tabaluga Kinderstiftung geehrt wird, aber leider nicht persönlich erscheint. Merel Sahin von der Interessengemeinschaft Keupstraße e.V., die sich nach den NSU-Anschlägen gegründet hat, um das friedliche Miteinander auf Kölns Straßen zu fördern. Und Lala Süsskind, die Tochter eines Holocaustüberlebenden und Vorsitzende des Jüdischen Forums für Demokratie und gegen Antisemitismus.

Bevor Du schließlich auf die Bühne gebeten wirst, spielen die Organisatoren ein kurzes Video ein. Es zeigt Dich bei einem Deiner Vorträge an einer Böblinger Schule. Ein Junge sagt: „Dass physische Gewalt schlimm ist, wusste ich auch, aber dass man wirklich von einem Schlag so werden und sich dann so zurückkämpfen kann, finde ich schon beeindruckend." Aus den Händen von Gabriele Rohmann, einer Journalistin und Sozialwissenschaftlerin, die das Archiv der Jugendkulturen e. V. leitet, erhältst Du schließlich Deine Urkunde. Was für ein stolzer Moment.

bfdt: Bündnis für Demokratie und Toleranz gegen Extremismus und Gewalt

Bündnispreis
für Engagement und Zivilcourage

Botschafter für Demokratie
und Toleranz 2015

Herr Christoph Rickels

Der Preis würdigt das ideenreiche und wirkungsvolle Beispiel zivilen Engagements.

Berlin, den 29. Mai 2015

Heiko Maas
Bundesminister der Justiz und für Verbraucherschutz

Dr. Thomas de Maizière, MdB
Bundesminister des Innern

Die nächste Urkunde, diesmal von allerhöchster Stelle. Die Rolle als Botschafter nimmt Christoph bis heute sehr ernst.

„First-Togetherness", erklärst Du, „soll eine Bewusstseinsveränderung in unserer Gesellschaft unterstützen. Wenn das Miteinander in der Jugend ,cool' wird, bedeutet das im Umkehrschluss, dass jede Art von Gewalt und sozialer Ausgrenzung reduziert wird."

Welche Botschaft möchtest Du den jungen Menschen vermitteln, will man von Dir wissen, und Du antwortest: „Ich möchte den Menschen bewusst machen, dass man besser, stärker, schlauer, ja einfach erfolgreicher ist, wenn man die Kraft findet, jedem und jeder die Hand zu reichen."

Was für ein Tag. Besser kann es ja nicht werden. Oder doch?

Seit einigen Jahren schon sucht die Fernsehzeitung *auf einen Blick* besondere Menschen, „die durch ihr selbstloses Handeln und aufopferungsvolles Engagement für andere zum Vorbild werden. Es sind Menschen, die in Alltagssituationen zu Helden werden, weil sie eine selbstlose Entscheidung treffen, über sich hinauswachsen und dadurch das Leben anderer für immer verändern. Es sind Menschen wie du und ich, die in einer Ausnahmesituation etwas Großes leisten und nicht über die eigenen Konsequenzen nachdenken." So steht es auf der Homepage der Aktion „Helden des Alltags". Höhepunkt der Aktion: Auf einer Gala bekommen diese Helden die ganz große Bühne. Initiator und *auf einen Blick*-Chefredakteur Jan von Frenckell ist sich bewusst, dass solche Veranstaltungen schnell in den Verdacht geraten, dass sich die ach so engagierten Prominenten mit den Heldentaten von Menschen wie Dir schmücken, um ein paar Karma-Pluspunkte für die Öffentlichkeit zu sammeln. Deshalb, beteuert er, schare man für die Heldengala nur namhafte Gesichter um sich, die die ganze Geschichte und die Geschichten hinter den „Helden" auch wirklich ernst nehmen, statt mit falschen Versprechungen in Erinnerung zu bleiben.

Sei ehrlich, Rickels, Du hättest die Auszeichnung selbst dann angenommen, wenn Du aus sicherer Quelle erfahren hättest, dass da nur ein Haufen Schaumschläger auf Dich wartet. Denn die öffentliche Wahrnehmung gibt Dir einfach neue Kraft, jeder Zeitungsartikel ist für Dich wie ein Energieriegel. Dass Du trotzdem kurz zögerst, Dich über die Einladung aus Hamburg nicht sofort freust, liegt nur daran, dass Du gerade ziemlich erschöpft aus Berlin nach Hause kommst und keinen blassen Schimmer hast, was Dich auf dieser Veranstaltung erwartet. Ist ja auch nicht so, dass Du jede Ausgabe dieser Fernsehzeitung verschlingst und seit Jahren zu den Bewunderern der „Helden des Alltags" gehörst. Aber dann wienerst Du doch Deine schicken schwarzen Schuhe, bügelst noch einmal das rote Hemd und düst nach Hamburg. In der Tasche der Brief von Jan von Frenckell: „Lieber Herr Rickels, wir freuen uns, Ihnen mitteilen zu können, dass unsere Leser Sie in diesem Jahr zum ‚Helden des Alltags' gewählt haben. Wir laden Sie ein nach Hamburg zur Preisverleihung. Ihre Fernsehzeitung *auf einen Blick*". Sähe doch auch wirklich blöd aus, wenn Du da nicht auftauchen würdest.

Heute dankst Du dem lieben Gott dafür, dass Du damals die richtige Entscheidung getroffen hast. Alter, denkst Du Dir, als Dir der Portier vom Hotel die Tür aufhält, was bist Du denn für ein Promi? Dazu sei mal wieder daran erinnert, wie sehr Dich der Wunsch, berühmt zu sein, schon im Teenageralter angetrieben hat. Und wie Du damals in der Reha, kaum in der Lage, eigenständig aufs Klo zu gehen, zu Schwester Ute gesagt hast: „Ich habe einen Plan. Ich werde berühmt." Dieser Wunsch, die Welt davon zu überzeugen, dass man existiert, und seine Träume verwirklichen kann, wenn man immer weiter an sie glaubt, ist ein starker Antrieb. Und für Dich von entscheidender Bedeutung. Deshalb sei Dir auch verziehen, dass Du heute bei den Vorträgen nie zu erwähnen vergisst, wie dieser Abend im Herbst 2015 für Dich weiterging.

Am Veranstaltungsort angekommen, betrittst Du das erste Mal in Deinem Leben einen roten Teppich. Was geht denn hier ab? Links und rechts Kameras, Fotografen, Journalisten, vor ihren Objektiven und Mikrofonen Menschen, die das hier ganz sicher nicht das erste Mal machen. Birgit Schrowange gibt ein Interview, Yvonne Catterfeld lächelt in die Kamera, Mirka Pigulla raubt Dir den Atem. Rampensau Rickels bekommt das Grinsen nicht mehr aus dem Gesicht. Darauf erst mal einen Champagner.

Doch die Show hat gerade erst begonnen. Als alle Platz genommen haben und die Scheinwerfer richtig justiert sind, kommt Jörg Pilawa auf die Bühne. Pilawa, denkst Du, Hammer.

„Ich möchte ihnen jetzt einen jungen Mann vorstellen", beginnt Pilawa, „bei dem es nur eine Sekunde gedauert hat, ehe das ganze Leben komplett auf den Kopf gestellt wurde und hinterher nichts mehr so war wie vorher. Es ist jetzt acht Jahre her, da war Christoph mit der Schule fertig. Ein beliebter Schüler, er war Schulsprecher, sang in der Schulband und wollte eigentlich zur Bundeswehr. Das war seine Lebensplanung. Doch dann passierte etwas, das sein Leben auf den Kopf stellte."

Ein dicker Kloß in Deinem Hals. Pilawa zeigt jetzt Fotos und Bewegtbilder, der ganze Saal lauscht andächtig Deiner Geschichte.

„Aber nicht nur deshalb ist er unser Held des Jahres 2015", sagt Pilawa, „sondern weil er gesagt hat: Aus dem Erlebten, muss ich was machen und ich muss dafür sorgen, dass so etwas nicht mehr passiert. Unser Held des Alltags 2015: Christoph!"

Mit wackligen Knien schaffst Du es so eben unfallfrei auf die Bühne.

„Fällt es Dir schwer, diese Bilder von damals zu sehen?", fragt der Moderator und meint das Überwachungsvideo vom Dinis.

„Nicht mehr", antwortest Du, „bei meinen Schulbesuchen will ich die Kids ja emotional packen und zeig die da jedes Mal. Mittlerweile kann ich sie irgendwie so ein Stück weit ausblenden."

Ihr sprecht über den Täter („Hat nicht mal einen Brief geschrieben"), die Reha, den Rechtsstreit („Sage ich lieber nichts zu"), Deine Auftritte in den Gefängnissen und Schulen. Du erzählst davon, wie Du die Klassenclowns mit Liegestützwettbewerben gegen Dich Behinderten in Zaum hältst und das Publikum lacht sich die Beklemmung von der Seele.

„Du bekommst den Preis überreicht von einer Musikerin", macht der Moderator weiter. „Musik ist Dir immer wichtig gewesen im Leben. Sie hat gesagt: ‚Das ist so eine tolle Geschichte, das würde ich gerne machen.' Noch mal ganz herzlich Willkommen: Yvonne Catterfeld!"

Vorfreudig schlägst Du die Hände vors Gesicht. Die Catterfeld! Da schwebt sie tatsächlich aus dem Schatten ins Licht und sieht live genauso gut aus wie im Fernsehen. Fanboy Rickels kann es nicht fassen, als die schöne Musikerin ihn dann doch tatsächlich fragt, ob sie ihn in den Arm nehmen dürfe. Am liebsten würdest Du sie gar nicht mehr loslassen. Augenaufschlag Catterfeld:

„Also es ist mir eine totale Ehre, Dir den Preis zu überreichen. Und ich mein' das wirklich ernst … Es ist ganz schwer, Worte für Dich zu finden, weil das keiner von uns kennt, so ein Schicksal. Und weil vieles relativ wird, wenn man Deine Geschichte hört. Worüber man sich im Alltag aufregt oder beschwert. Ich finde das so wahnsinnig bewundernswert, dass Du weitergemacht hast. Du hast bestimmt Momente gehabt, wo Du nicht mehr weiterwusstest, aber Du hast versucht, einen Sinn darin zu finden. Ich glaube, anhand Deines Beispiels wird einfach jeder umdenken und empathisch sein. Ich freue mich, dass Du diesen Preis bekommst. Ganz bewundernswert." Applaus.

Während Frau Catterfeld da so ergriffen laudatiert hat, muss sich der Macher in Deinem Kopf gemeldet haben. Vielleicht kommt so eine Gelegenheit, so eine Bühne, so viel Rampenlicht nicht wieder. Und Du wärst ein Idiot, wenn Du jetzt aus falscher Bescheidenheit einfach ignorieren würdest, was der Macher Dir ins Ohr geflüstert hast. Deshalb winkst Du jetzt nicht artig ins Publikum, sondern greifst Dir das Mikro und sagst:

„Ich habe noch eine Sache auf dem Herzen. Für meine First-Togetherness erstelle ich jetzt ein Video, für das ich noch auf der Suche bin nach Stars. Wer mich bei dem Projekt unterstützen möchte, wer mit mir der Gesellschaft zeigen möchte, dass wir endlich wieder anfangen müssen, uns die Hände zu reichen, miteinander zu leben, statt immer nur noch schöner, reicher, schlauer zu werden, der möge mich gerne kontaktieren."

Großer Applaus. Catterfeld klatscht begeistert in die Hände, Pilawa bietet Dir spontan an, die Produktion zu übernehmen. Und weil jetzt eh schon Karnevalsstimmung ist, überredet Deine Laudatorin den Moderator zu einem kleinen Liegestütz-Wettkampf. Pilawa hat Angst um sein weißes Hemd, das Publikum zählt mit:

„Eins. Zwei. Drei. Vier. Fünf " Bei 20 gibt Pilawa auf. Noch einmal brandet Applaus auf, Pilawa verspricht Dir „zu helfen, wo wir können", Catterfeld flüstert Dir ins Ohr: „Christoph, ich bin natürlich auch dabei, bei Deinem Video."

Später, als alle Preise vergeben sind, stehst Du bei der Aftershowparty mit Deiner Sektflöte am Tresen, als ein äußerst attraktiver Typ zu Dir kommt, Dir zu Deinem Auftritt gratuliert und sagt: „Christoph, ganz toll, was du machst, super! Ich wäre in deinem Video auch gerne mit dabei." Du schaust ihn etwas verständnislos an, sagst aber artig Danke. „Du weißt nicht, wer ich bin, oder?", fragt der Schönling. „Ne, tut mir leid." „Das muss Dir nicht leidtun. Ich heiße Timothy Boldt und bin Stammschauspieler bei *Unter Uns.*" „Oh", sagst Du grinsend, „das gucke ich nicht." Aber, klar, super, noch ein prominentes Gesicht in Deinem Video.

Du hast nicht mal Zeit, Dich bei ihm für das freundliche Angebot zu bedanken, als er von einer schönen Blonden zur Seite gestoßen wird, die sich als Valentina Pahde

Bühnenflirt mit Yvonne Catterfeld und Liegestütze mit Jörg Pilawa. Bei der *Heldengala* in Hamburg hat Christoph seinen ganz großen Auftritt.

entpuppt, eine Darstellerin der Neverending-Soap *GZSZ*: „Ich bin natürlich auch dabei!" Dir knallt fast das Herz durch. Da sehnst Du Dich seit Jahren nach Nähe und Anerkennung, und jetzt bekommst Du hier die volle Dröhnung in Form von attraktiven Schauspielerinnen, die sich Dir buchstäblich an den Hals werfen. Kein Wunder, dass dieser Abend bis heute einen ganz besonderen Platz in Deiner Erinnerung hat. Von außen betrachtet mag das fast ein bisschen merkwürdig erscheinen, ein bisschen zu kitschig, zu gefühlig, zu unecht. Und auch Du denkst am nächsten Morgen darüber nach, wie viel heiße Luft wohl dabei war bei den warmen Worten der Prominenz. Aber, hey, selbst wenn. Du wurdest für Dein Engagement geehrt, Du hast ordentlich die Werbetrommel für Dein Projekt gerührt, der Auftritt war ein voller Erfolg.

Doch hinter den Kulissen hast Du Eindruck hinterlassen. Jan von Frenckell, der Chefredakteur von *auf einen Blick* ist von Dir fasziniert. Er hat einen Menschen kennengelernt, der zwar ein schweres Handicap mit sich herumträgt, sich aber davon nicht hat unterkriegen lassen. Und der Mann kennt sich aus mit Schicksalsschlägen. Jedes Jahr wählt er seine Kandidaten für die „Helden des Alltags" aus 150 unterschiedlichen Einzelschicksalen aus. Was ihn an Dir außerdem beeindruckte: Dass Du auch keine Scheu davor hast, die Schattenseiten Deiner Existenz zu offenbaren. Die soziale Isolierung, die Ängste, den frustrierenden Rechtsstreit. Er sieht Dich voller Überzeugung als ein Vorbild für unsere an Vorbildern so arm gewordene Gesellschaft. In einer Welt, die immer komplexer wird, begeistern ihn Menschen, die so eine Leuchtturmfunktion einnehmen, wie Du es tust. Und deshalb setzt er sich persönlich dafür ein, dass die großen Versprechen der Galanacht auch eingelöst werden. Ein paar Wochen später lädt er Dich in sein Büro nach Hamburg ein, wo Du auch Jörg Pilawa wiedertriffst, der Dir wie ein alter Freund um den Hals fällt. Mit dabei ist ebenfalls Torsten Sprick, Executive Producer von Talpa Germany, einer Produktionsfirma, die unter anderem *Voice of Germany* und *Sing meinen Song* produziert. Es ist die Geburtsstunde jenes Videos, das man heute unter dem Titel „Die Stars für First-Togetherness" im Netz findet. Neben Deinen neuen Freunden Pilawa, Catterfeld und Schrowange senden dort noch eine ganze Reihe anderer bekannter Gesichter eine Botschaft in die Welt und machen sich damit unentgeltlich zu Werbeträgern für Dein Projekt.

Für Dich ist das alles wie ein Traum. Nicht nur, dass Du die Stars für ihr Talent und ihre Prominenz bewunderst und Dich schwer gebauchpinselt fühlst, weil sie Dir diese Ehre erweisen, Du weißt auch ganz genau, was das für die First-Togetherness bedeutet. Schon vor der Preisverleihung und

Deinem Bühnenflirt mit Yvonne Catterfeld hast Du Deinen Bekanntheitsgrad und damit die Verbreitung Deiner Botschaft beständig gesteigert, doch irgendwie schien es auf einem gewissen Level festzustecken. Das Video öffnet Dir neue Türen, bringt neue Einladungen aus dem ganzen Land, wird Dich sogar außerhalb der deutschen Grenzen führen und Futter sein für Deine Vision von einer internationalen Präventionsidee. Und das wiederrum verspricht neue Zeitungsartikel, neue Talkshowauftritte, neue Prominenz. 2018 überreicht Dir der damalige DFB-Präsident Reinhard Grindel den „Sonderpreis Resozialisierung" der Sepp-Herberger-Stiftung, weil Du schon mehrfach Dein Talent bewiesen hast, selbst bei Schwerstkriminellen mit Deiner Message auf fruchtbaren Boden zu stoßen. „Christophs Schilderungen gehen ans Herz", schwärmt Grindel, „wenn nur einer zögert, zuzuschlagen, haben wir schon einiges erreicht." Standing Ovations der angefassten Fußballfunktionäre. Und nur ein Jahr später wirst Du von höchster Stelle ausgezeichnet. In der Hessischen Staatskanzlei überreicht Dir die Hessische Europaministerin Lucia Puttrich im Auftrag des Bundespräsidenten die Verdienstmedaille des Verdienstordens der Bundesrepublik Deutschland. Noch so ein großer Tag.

Für Dich hat er eine zusätzliche Bedeutung, weil Du in Begleitung Deiner Mutter, Deiner Schwester und Deines

Stiefvaters nach Wiesbaden reist. Eure Beziehung hatte in den Jahren zuvor einige Kratzer abbekommen. Zumindest indirekt hat das auch mit Deinem stetig wachsenden Bekanntheitsgrad zu tun. Deine Mutter hat manchmal die Vermutung, dass Du Dich nur dann wertvoll und für voll genommen fühlst, wenn Du mit Mirka Pigulla schreibst, bei Yvonne Catterfeld im Backstageraum sitzt oder mit Jörg Pilawa telefonierst. Sie freut sich für Dich und ist stolz auf Deine Erfolge. Aber manchmal fragt sie sich, ob es Dir nicht besser tun würde, echte Freunde kennenzulernen. Und ob Du in der Lage bist, Deine Promikontakte, die Standing Ovations und die Verdienstorden richtig einzuordnen.

Diese echten Freundschaften wünscht Du Dir auch, aber gleichzeitig fragst Du Dich, wie man das richtig einordnen soll und wer überhaupt das Recht hat, in diesem Fall ein richtig oder falsch zu definieren.

Die Kommunikation mit Dir, behauptet Deine Mutter, „ist schon recht einseitig. Wenn wir miteinander sprechen, dann geht es in der Regel um seine Verhandlungen, seine Promifreunde, sein Projekt oder sein Buch. Er scheint sich nur mäßig für die Belange der anderen zu interessieren." Dich hat es große Überwindung gekostet, diesen Satz so stehen zu lassen, weil Du findest, dass Du Dich oft genug erkundigst, wie es Deinen Liebsten geht.

Frauentyp – Christoph kurz vor dem nächsten festlichen Akt mit Mama Gesa und am Rande eines Konzerts von Unterstützerin Yvonne Catterfeld.

Kai Glowalla, der Dich nun auch schon einige Jahre begleitet, hat versucht, die ganze Sache einzuordnen: „Wonach strebt ein Mensch? Ein Mensch strebt nach Anerkennung. Christoph aufgrund seiner Geschichte ganz besonders. Was sehr gut nachvollziehbar ist. Aber es ist wie mit der Arbeit an der First-Togetherness oder seinen Gerichtsverhandlungen – er hat sich all dem so intensiv verschrieben und steckt so tief drin, dass es ihm wahnsinnig schwerfällt, einfach mal loszulassen.“ Und stattdessen über das Wetter, die letzten Fußballergebnisse oder die Stimmung im Büro zu sprechen.

Du bist Dir im Klaren darüber, dass es häufig ganz schön anstrengend mit Dir sein kann, und das tut Dir leid.

Aber leider sieht Dein Leben nun mal so aus, und so lange die Klage läuft, hast Du relativ wenige Dinge, von denen Du sonst erzählen könntest. Du bist froh, dass Du überhaupt genügend Energie dafür hast, Deine First-Togetherness am Leben zu erhalten. Ändern wird sich das erst dann, wenn Du endlich juristische Klarheit hast.

Es ist wie in so vielen Kapiteln Deiner Biografie, die erst dann geschrieben wurden, als ein einziger Schlag Dein Leben auf den Kopf gestellt hat: Niemand kann wirklich nachvollziehen, was es Dir bedeutet, für Deinen Einsatz Anerkennung zu bekommen. Niemand kann wirklich verstehen, wie viel Energie es Dir gibt, wenn Du Dich von den Stars und Sternchen wahrgenommen und unterstützt fühlst. Jeder braucht etwas im Leben, das ihn antreibt und motiviert, etwas Sinnvolles, für das es sich lohnt, weiterzumachen. Gerade, wenn man so viel durchgemacht hat, wie Du.

Du hast Deine Aufgabe gefunden. Sie besteht darin, dass Du eine Botschaft zu verkünden hast. Die Botschaft lautet: Gewalt macht nur kaputt und ist nicht cool. Wer eine Botschaft zu verkünden hat, der sucht immer nach dem größtmöglichen Sprachrohr. Deshalb gibt es dieses Video, deshalb bist Du stolz darauf, Jörg Pilawa zu kennen.

Deshalb gibt es dieses Buch.

Kapitel 9

KAI G.

An Kai

Hast du gedacht, ich pack das nicht,
Ich nehm es einfach hin?
Ich sage dir, dann täuscht du dich,
Du weißt nicht, wer ich bin.

Du bist Christoph Rickels und dieses Gedicht hast Du Anfang 2010 geschrieben. Drei Jahre nach der Tat. Dein Herz war damals noch voller Schmerz und voller Hass. In wilden Fantasien hast Du Dir ausgemalt, wie Dein Täter leiden muss. Wie seine Schmerzensschreie die Stimmen in Deinem Kopf übertönen, die Dir sagen, dass so eine Sache doch nicht einfach ungesühnt bleiben darf. Du wolltest ihn zum Krüppel schlagen. So wie er Dich zum Krüppel geschlagen hat. Rache. Süße und verführerische Rache. Du brauchtest ja nur in den Spiegel zu schauen, um zu sehen, was er Dir angetan hatte.

Die Stimme verlangsamt, das Laufen fällt schwer,
Du hast mich im Grunde zerstört.
Doch aus dieser Hölle kämpf ich mich noch raus,
Auch wenn's dein Gewissen empört.

Du hast Dich rausgekämpft, Rickels. Hast Dich zurück ins Leben gefightet. Ein selbstbestimmtes Leben ohne Aktivrollstuhl und Bettpfanne. Du hast es sogar geschafft, Dir eine neue Aufgabe zu suchen, in die Du Dein Herzblut investierst. Wie viele Menschen, denen es ähnlich ergangen ist wie Dir, haben wohl irgendwann einfach aufgegeben? Wie viele haben diese Art von Leben nicht mehr ertragen können, weil sie ständig daran denken mussten, wie es vorher einmal war? Und wie viele wären angesichts der Ungerechtigkeiten, die Dir im Laufe der Jahre vor Gericht wiederfahren sind, ganz einfach zusammengebrochen? Erdrückt von einer Rechtsprechung, bei der in Sachen Opferschutz offenbar noch sehr viel Luft nach oben ist.

Zu Brei geschlagen hast Du Deinen Täter zum Glück nie. Aber Du hast gehofft, dass seine Bestrafung wenigstens so hart ausfällt, dass es Dir irgendeine Form von Genugtuung verschafft hätte. Doch genau das ist nicht passiert. Und es hat Dich all die Jahre krank gemacht.

Du wolltest das nicht, verteidigst du dich,
Und bleiben wir jetzt mal real:
Gewollt oder nicht, das ist scheißegal.
Es machte mein Leben zur Qual.

Zwei Hunde im Streit, ein Knochen der Grund,
Der eine tötet den anderen Hund.
Es war nicht die Absicht zu töten, ganz klar,
Doch leider war ja der Knochen jetzt da.

Als ich die Welt noch verschwommen sah,
Warst du vorm Richter der weinende Star.
Es tut dir so leid und du wolltest es nicht.
Die Taktik war klug, doch nur ohne mich.

Die Tränen sind Lüge, bis heut bist du frei.
Hast mich fast ermordet, was ist schon dabei?
Der Richter, er glaubt dir, wie leid es dir tut.
Dass ich noch nicht fit war, war für dich dann ganz gut.

Wir wissen nicht, wie es Deinem Täter seit jener Nacht im September 2007 ergangen ist. Wir haben ihn für dieses Buch nicht gesprochen und wir haben es auch nicht versucht. Wie wir an Deinem Schlusswort sehen werden, hast Du ein Angebot für ihn. Vielleicht wird er es annehmen und vielleicht werdet ihr euch tatsächlich eines Tages gegenübersitzen und in die Augen schauen. Was wirst Du da wohl sehen, Rickels? Angst? Reue? Gleichgültigkeit? Verzweiflung?

Inzwischen weißt Du selbst, dass Du fast näher dran warst, Täter zu sein als Opfer. Du hast Dich oft geprügelt. Hast Deine Wut, Deine Aggressionen und Deine Ängste über Deine Fäuste kanalisieren wollen. Deine Schwester sagt heute: „Tatsächlich empfinde ich auch Mitleid mit dem Täter. Weil ich weiß, dass das auch Christoph hätte sein können."

Eine Tat aus Eifersucht, ein Gewaltausbruch, befeuert von Alkohol und Herzschmerz. Vermutlich hast Du in Deinem früheren Leben schon viel krasser auf Menschen eingeboxt. Aber glücklicherweise sind sie alle wieder aufgestanden. Du nicht. Du bist liegen geblieben und wärst fast krepiert. Das ist der große Unterschied zwischen Kai G. und Dir.

Die Frage sei trotzdem erlaubt: Was hättest Du getan, wenn Du der Täter gewesen wärest?

Drei Jahre bin ich jetzt schon zerstört,
Und du weißt noch nicht mal, was sich dann gehört.
Heulst groß rum, denn es tut dir so leid.
Wird dadurch denn wirklich dein Herz noch befreit?

Bei Mama und Papa riefst du mal an.
Ich lag noch im Sterben, was wolltest du, Mann?
Es ist doch ganz klar, dass zu dieser Zeit
Meine Familie nicht nach dir schreit.

Hättest Du auch am nächsten Morgen unter Tränen bei der Familie Deines Opfers angerufen? Hättest Du versucht, rückgängig zu machen, was nicht rückgängig zu machen war? Wie hättest Du wohl reagiert, wenn Du erfahren hättest, dass der Typ, dem Du gestern im Club eine geflankt hast, jetzt im Koma liegt und vielleicht nie wieder aufwachen wird? Wir wäre es Dir ergangen, während vor Gericht über Dein Schicksal entschieden worden wäre? Hättest Du auf Milde gehofft? Auf einen Deal, der Dir den Knast erspart? Und wie wäre Dein Leben anschließend weitergegangen?

Wärst Du jemals wieder wirklich glücklich und sorgenfrei geworden?

Kai G. hat damals zwei Jahre Bewährungszeit kassiert. Weil er Privatinsolvenz angemeldet hat, fließen jedes Jahr ein paar Tausend Euro Insolvenzmasse auf Dein Konto. Er wird vermutlich niemals die Gelegenheit haben, sich finanziellen Wohlstand aufzubauen. Und er wird bis an sein Lebensende damit klarkommen müssen, was er Dir damals angetan hat.

Ist das Gerechtigkeit?

Deine Großtante Fita und Deine Mama hatten eine Idee, als es darum ging, wie man den Täter hätte angemessen bestrafen können, ohne ihm gleich komplett die Zukunft zu verbauen: „Warum haben sie den nicht für zwei Jahre als Pfleger ins Rehazentrum nach Friedehorst gesteckt?" Das wäre zumindest eine Möglichkeit gewesen. Aber diese Erfahrung blieb Kai G. erspart. Dir nicht.

Verzeih ihm, sagte man zu mir.
Ich sagte, er war niemals hier.
Verzeihen heißt für mich vergeben.
Ich wollt uns noch ne Chance geben.

Diese Chance hat sich bis heute nicht ergeben. Nahezu alle Menschen aus Deinem näheren Umfeld wünschen sich, dass so ein Treffen irgendwann mal zustande kommt. Und damit die Möglichkeit, Deinem Täter persönlich zu vergeben. Dass Du offenbar dazu bereit bist, ist eine erstaunliche Leistung. Und Ergebnis einer Entwicklung, die Dich aus dem Krankenhausbett bis auf das Cover dieses Buches geführt hat.

Dein kleiner Stiefbruder Sascha war neun Jahre alt, als Du vor der Disco zusammengeschlagen wurdest. Er kennt Dich nur als Opfer, vor allem aber als Kämpfer. Als er in die Pubertät kam, seine Muskeln wuchsen und das Testosteron in seinem Körper das Sagen hatte, da wäre er am liebsten losgezogen, und hätte seinen Bruder gerächt. Jahre später hörte er Dir mit großen Augen zu, als Du davon sprachst, keinen Hass mehr auf Deinen Täter zu hegen. Das hat ihn nachhaltig beeindruckt. Er bewundert Dich dafür, dass Du nie aufgegeben hast und genauso viel Kampfgeist in Dir steckt wie in eurem Vater. Aber noch mehr dafür, dass Du trotz allem in der Lage bist, zu vergeben.

Damals, 2010, als Du das Gedicht „An Kai" geschrieben hast, warst Du noch längst nicht so weit. „Ich denke, du bist nichts als doof" – „Im Traum habe ich dich oft zerfetzt", solche Sachen stehen da. Sie sind der Ausdruck Deines Schmerzes über das, was Dir angetan wurde. Völlig schmerzfrei bist Du bis heute nicht. In vielerlei Hinsicht. Aber Du hast gelernt, Deinen Schmerz zu kanalisieren, ihn zu verarbeiten. Nicht durch Deine Fäuste. Sondern durch Dein Herz und Deinen Verstand. Das, lieber Rickels, ist eine äußerst bemerkenswerte Leistung. Und ein ziemlich gutes Ende für Dein Gedicht.

Kapitel 10

SCHICKSALSSCHLAG

Als Co-Autor, der mehr als zwei Jahre lang gemeinsam mit Christoph an diesem Buch gearbeitet hat, möchte ich mir an dieser Stelle einige persönliche Zeilen erlauben.

Im Kindergarten gehörte ich eine Zeit lang zu den größten und damit stärksten Kindern. In unserer „Entengruppe" teilten wir uns in „Banden" auf, und während die Mädchen mit Mädchensachen beschäftigt waren, versuchten wir Jungs uns gegenseitig darin zu überbieten, wer aus Holzklötzchen den höchsten Turm bauen konnte. Mein Fingerspitzengefühl war zum damaligen Zeitpunkt noch nicht so ausgeprägt, die Holzklötzchen-Maßarbeit überließ ich anderen. Mein Job bestand darin, die Konkurrenz auszuschalten. Wenn also eine andere Bande gerade dabei war, einen noch höheren Turm zu bauen, marschierte ich rüber, ließ den Turm mit einem einfachen Fußtritt in sich zusammenkrachen und ignorierte gekonnt das darauf folgende große Geheule. Es war mir egal, denn unser Turm hatte der größte von allen zu sein. So waren nun mal die Spielregeln. Und wenn sich doch ein feindliches

Bandenmitglied dazu entschloss, sich für diesen plumpen Tritt zu rächen, nahm ich es kurz in den Schwitzkasten, und die Sache war geklärt.

Ein paar Jahre später, in der Grundschule, gab es zwar keine Holzklötzchen mehr, aber dafür einen großen Sandkasten, und nicht selten verbrachten wir Jungs (bis auf ganz wenige Ausnahmen waren es immer Jungs) die Pausen damit, uns in diesem Sandkasten an die Gurgel zu gehen. „Raufen" nannte man das, und in der Regel waren diese körperlichen Auseinandersetzungen kurz und schmerzlos. Ich kann mich jedenfalls nicht an blutige Nasen oder verstauchte Gelenke erinnern. Das Ganze ähnelte eher den Szenen aus Naturdokumentationen, wenn Hirsche oder anderes Getier dabei beobachtet werden, wie sie ihr Revier verteidigen.

Ich gehörte damals zwar nicht mehr zu den Größten und Stärksten, aber gottlob auch nicht zu den Kleinsten und Schwächsten. Deshalb kann ich nicht wirklich sagen, wie es denen erging, die in solchen Raufereien nicht den Hauch einer Chance hatten und meistens mit dem demütigenden Gefühl in die Klassen zurückkehrten, einen Großteil der Pause mit der Nase im Sand verbracht zu haben.

Allerdings befand sich gleich neben unserer Grundschule eine Sonderschule und irgendein schlauer Mensch war auf die Idee gekommen, beide Schulgebäude mit einem gemeinsamen überdachten Innenhof zu verbinden. Zusätzlich war das Büro des Hausmeisters auf der Sonderschulseite untergebracht, und nur da konnte man sich die heiß begehrten Milch- und Kakaotüten abholen. Für diese besondere Herausforderung brauchte es meistens Freiwillige, und mehr als einmal kehrte einer unserer tapferen Mitschüler mit blauen Flecken auf dem Arm oder zerplatzen Milchtüten auf dem Tablett von diesen Innenhofabenteuern zurück. Spätestens da stellte ich fest, dass die Größeren und Stärkeren einen klaren Wettbewerbsvorteil im Leben haben, umso mehr, wenn außerdem eine Portion Skrupellosigkeit und Brutalität beigemischt wird.

Den Rest meiner Schulzeit spielte Gewalt keine unmittelbare Rolle in meinem Leben. Nur einmal wurde ich mit zwölf von einem berüchtigten Schulschläger quer über den Hof in unser Klassenzimmer gejagt, ehe er mich in eine Ecke drängte, um dort auf mich einzutreten. Glücklicherweise entschärfte mein sehr großer und sehr starker russischer Freund die Situation, indem er den Rowdy einfach am Kragen packte und aus dem Zimmer warf.

Erst mit Ende 20 wurde ich vor einem Berliner Club das erste Mal in meinem Leben verdroschen und überstand den Angriff von drei Männern mit einer blutigen

Lippe, diversen Prellungen und einem minimal abgebrochenen Schneidezahn. Ich selbst habe mich bis zum heutigen Tage nicht einmal geprügelt. Über beide Umstände kann ich sehr glücklich sein.

Das weiß ich auch, weil Gewalt natürlich trotzdem immer präsent in meinem vergleichsweise harmonischen Leben war. Mit 16 schrieb ich Spielberichte für unsere Lokalzeitung, zu den von mir betreuten Mannschaften gehörte eine berüchtigte Auswahl, die sich vorrangig aus kurdischstämmigen Cellern zusammensetzte. Das Einschüchtern von Gegenspielern und/oder Schiedsrichtern gehörte für diese Kicker leider zum guten Ton, die Zahl der erteilten Platzverweise und Strafen war entsprechend hoch.

Auf Schützenfesten, Abipartys oder bei Discobesuchen gehörten Gewalttätigkeiten oder die Aussicht auf Gewalttätigkeiten dazu wie billiges Bier und Sangria aus Eimern. Auf einer dieser Partys wurden meiner heutigen Frau von einem Kickboxer zwei Zähne ausgetreten, weil sie es gewagt hatte, ihn für sein widerliches Stalking zwischen die Beine zu treten. Ein guter Freund wurde mitten in der Nacht durch die Stadt gehetzt, ehe ihm zwei Männern von hinten in den Rücken schlugen und dann auf den Hinterkopf sprangen. Wochenlang lag er im Krankenhaus.

Andere Freunde und Bekannte waren eher dafür berüchtigt, selbst nicht lange zu fackeln und Auseinandersetzungen mit den Fäusten zu lösen. Einer dieser Freunde zettelte bei seinem ersten Besuch in meiner ersten eigenen Wohnung auf dem Rückweg aus der Kneipe eine wüste Keilerei an, was mich so sehr erschütterte, dass ich eine Zeit lang kein Wort mehr mit ihm sprechen wollte.

Viele Jahre lang fuhr ich gerne und viel zum Fußball, wo Gewalt noch mehr Teil der Folklore war (und ist) als auf Stadtfesten oder Mallorca-Partys. Bei einem Besuch mit Werder Bremen im niederländischen Arnheim beobachtete ich fasziniert (aber aus der Distanz), wie sich eine Hundertschaft Hooligans die Schädel einschlug und erst dann von der Keilerei abließ, als ein Dutzend gepanzerter Polizeipferde in die Menge galoppierte. Wie nah gerade beim Fußball Gewalt und Normalität beieinanderliegen, erfuhr ich einige Jahre später, als ich nach einem Spiel in Köln mit dem stets elegant gekleideten und äußerst charmanten Sohn meines früheren Mathelehrers Richtung Parkplatz wanderte und eine kleine Provokation ausreichte, damit dieser sympathische Typ einem vorbeigehenden Kölner so brutal seine Faust ins Gesicht rammte, dass ich ehrlich erstaunt war, den Geschlagenen danach Reißaus nehmen zu sehen. Die innerhalb von Millisekunden zur Hassfratze verzerrte Mimik des Mathelehrersohns entspannte sich wieder und wir gingen weiter, als wäre nichts passiert.

Mir ist es zum Glück erspart geblieben, selbst schwer verletzt zu werden, jemanden schwer verletzt zu haben oder Zeuge einer solchen Verletzung zu werden. Das Schlimmste waren gebrochene Nasen, eingetretene Rippen, blaue Augen und die besagten Schneidezähne meiner Frau (wobei ich diese Geschichte erst viele Jahre nach der Tat erzählt bekam). Gleichzeitig fand ich es immer erstaunlich, dass bei dieser Masse an roher und nackter Gewalt, mit der selbst ein behüteter Mensch wie ich aufwuchs, letztlich doch so wenig passierte. Vielmehr beschäftigte mich diese spezielle psychische Erniedrigung, die die Androhung oder Ausführung von physischer Gewalt zur Folge hat. Auch wenn wir in einem Rechtsstaat leben – das Recht des körperlich Stärkeren ist auf der Straße und eigentlich überall anders das unmittelbarste und damit auch bedrohlichste. Einen Extremfall erlebte ich 2016 während der Fußballeuropameisterschaft in Frankreich, als ich mich im Auftrag meines damaligen Arbeitgebers just zu dem Zeitpunkt in Marseille aufhielt, als 150 russische Kampfsportler in einer minutiös geplanten Gewaltorgie auf englische Fans losgingen und das Hafenviertel in ein Schlachtfeld verwandelten. Die französischen Gastgeber konnten den Exzess nur stoppen, nicht aber verhindern und schon gar nicht angemessen bestrafen. An diesem Tag hatte die Gewalt mal wieder einen hässlichen Sieg errungen.

Christoph ist in einer ganz ähnlichen Welt aufgewachsen wie ich. Uns trennen nur ein paar Jahre und ein paar Kilometer, aber unsere Sozialisation spielte sich auf demselben Level ab. Im Gegensatz zu mir hat Christoph irgendwann selbst zugeschlagen und dabei festgestellt, wie einfach sich Probleme aus der Welt schaffen lassen, wenn man die schnellere Faust und die dickeren Muskeln hat. Ich habe bestimmt schon 100 Situationen erlebt, in denen auch ich gerne einfach zugeschlagen hätte, mich dann aber doch nicht getraut habe. Gewalt kann so verlockend sein.

Im Falle von Christoph scheint sie zusätzlich auch noch ein Ventil für seine angestauten Emotionen gewesen zu sein. Ein Ausdruck seiner Hilflosigkeit oder seiner Unfähigkeit, je nachdem, wie man es auslegen möchte. Wie andere Täter auch hat sich Christoph stark gefühlt, wenn er einen Gegner besiegt hatte. Dieser animalische Gewinnerinstinkt ist in uns Menschen fest verankert, da mag sich die Gesellschaft auch noch so entwickelt haben. Einer der Gründe, warum sich Christoph dazu entschlossen hat, für ein neues Miteinander zu werben und die Definition von Stärke zu verändern.

Die große Frage, die sich während der Arbeit an diesem Buch immer wieder gestellt hat: Was wäre wohl passiert, wenn Christoph an jenem Septemberabend 2007 unverletzt die Disco verlassen hätte?

Kurz darauf wäre er nach Süddeutschland gezogen, weit weg von den Sorgen und Nöten und der verbrannten Erde, die man als junger Mensch mitunter zurücklässt. Vielleicht hätte er tatsächlich bei der Bundeswehr Karriere gemacht. Vielleicht hätte er irgendwann festgestellt, dass Gewalt keine gute Lösung ist, um Konflikte zu bereinigen oder Gefühle auszudrücken. Vielleicht hätte er irgendwann kopfschüttelnd an seine Prügeleien gedacht und sie dann als Jugendsünde in der großen Erinnerungsbox des Lebens abgespeichert.

Vielleicht würde er aber auch heute noch nicht lange fackeln, wenn ihm nach drei Bier auf dem Stadtfest einer blöd kommt. Wer weiß das schon.

Was wir wissen, steht in diesem Buch. Die Geschichte eines jungen Mannes, der vom Täter zum Opfer und vom Opfer zum Aktivisten wurde. Ein langer, sehr steiniger und sehr schmerzhafter Weg, der bei Christoph neben all den körperlichen Versehrtheiten noch sehr viele psychische Wunden zurückgelassen hat, von denen längst nicht alle vollständig vernarbt sind.

Die Folgen dieses einen Schicksalsschlags sind immens. Sie haben nicht nur dafür gesorgt, dass ein junger Mann ins Koma und in die Schwerstbehinderung befördert wurde, sie haben vermutlich auch das Leben des Täters für immer nachhaltig verändert. Wenn Kai G. kein gefühlsloses Monster ist, wird ihn jene Nacht ebenfalls bis heute verfolgen und sein Leben sehr viel schwerer gemacht haben. Nicht vergleichbar mit den Katastrophen, die Christoph hat durchleben müssen und die er immer noch durchlebt, aber tauschen möchte man mit diesem Menschen ebenfalls nicht.

Und natürlich gehören nicht nur Christoph und Kai G. zu den Geschädigten dieser tragischen Geschichte. Was ist mit Lisa, der damaligen Freundin des Täters, der es vermutlich sehr schwergefallen sein muss, sich nicht als Auslöser für den Schlag zu begreifen? Was ist mit Christophs Freunden, die an diesem Abend nicht verhindern konnten, was man so gerne verhindert hätte? Und was ist mit der Familie von Christoph, was mit der Familie des Täters? Am Ende bleibt die bittere Erkenntnis, dass es nach diesem Gewaltausbruch nur Verlierer gegeben hat.

Das Besondere an diesem Schicksalsschlag ist aber nicht nur, dass ein gesunder junger Mann wie Christoph von einem anderen jungen und gesunden Mann beinahe totgeschlagen wurde. Das Besondere ist, dass Christoph nicht nur überlebt, sondern einen Kampfgeist entwickelt hat, der ihn von der Intensivstation der Ubbo-Emmius-Klinik Aurich bis auf das Cover dieses Buches geführt hat. Auf seinem Weg dorthin hat Christoph wieder lernen müssen, seine Gliedmaßen zu bewegen, Essen zu sich zu nehmen, zu sprechen und seine Gedanken in Worte zu fassen. Und was ihm fast noch schwerer gefallen ist: Das, was ihm angetan wurde, zu akzeptieren und irgendwie damit klarzukommen. Eine unglaublich harte Herausforderung.

Es gibt sehr viele Menschen, die wie Christoph Opfer eine Gewalttat wurden. Einige liegen bis zu ihrem Tod in einem Bett, angeschlossen an Schläuche und Maschinen und wachen nie wieder auf. Andere überleben mit schweren Behinderungen und haben nie wieder die Gelegenheit, zu erfahren, was für ein erhabenes Gefühl es sein kann, aufrecht über eine Straße zu laufen. Andere werden rein äußerlich zwar wieder gesund, leiden aber so sehr unter den psychischen, sozialen und emotionalen Folgen, dass das Leben für sie eine einzige Qual ist.

So gesehen hat Christoph sogar ziemliches Glück gehabt.

Er gilt zwar bis heute als schwerstbehindert, ist offiziell arbeitsunfähig, hat durch die Tat und ihre Folgen Freundschaften und soziale Beziehungen verloren, aber in seinem Schlusswort für dieses Buch bezeichnet er sich selbst als einen Menschen, der den Weg zurück ins Licht gefunden hat. Das ist ein Zustand, dem man ihm nur wünschen kann.

Gleichzeitig sind die Folgen der Tat für Christoph bis heute spürbar und sie sind nicht gerade leicht zu ertragen. Noch immer schlägt er sich mit der deutschen Rechtsprechung herum, noch immer sind die körperlichen Schäden ein großes Hindernis, noch immer leidet er unter sozialer Vereinsamung, die ihren Ursprung in jener Nacht vom

28. auf den 29. September 2007 hat. Er wünscht sich Gerechtigkeit – und muss dafür vor Gericht seit vielen, vielen Jahren kämpfen. Er wünscht sich einen engen Freundeskreis – und fühlt sich doch sehr allein. Er wünscht sich eine Familie – und ist noch immer solo.

Seine Energie und sein Herzblut steckt er in den nun schon seit mehr als einem Jahrzehnt andauernden juristischen Kraftakt und in seine First-Togetherness. Für die Arbeit an diesem besonderen Präventionsprojekt ist er vollkommen zu Recht bereits mehrfach ausgezeichnet worden. Seine Kritiker werfen Christoph vor, dass er mit dieser Aktion vorrangig sein Geltungsbewusstsein bauchpinselt, aber selbst wenn dem so sein sollte, ist die First-Togetherness eine großartige Sache. In einer Gesellschaft, in der der ausgestreckte Ellenbogen trotz allen Beteuerungen noch immer mehr Vorteile bringt als die ausgestreckte Hand, nimmt Christoph mit seiner Arbeit eine ganz besondere Funktion ein. Ein Opfer, das nicht länger Opfer sein will, beweist dieser Gesellschaft, welch furchtbare Folgen selbst ein kurzer Ausbruch von Gewalt haben kann, proklamiert einen solidarischeren und vor allem friedlicheren Umgang miteinander und lebt am Ende Vergebung vor, in dem er die Hand nach seinem Täter ausstreckt (siehe *Schlusswort*). Das ist nicht nur bemerkenswert, sondern schwer beeindruckend.

Ins Koma geschlagen und doch kein Opfer, sondern ein ganz besonderer Mensch: Christoph Rickels heute.

Für Christoph ist dieser Niederschlag im Dinis gleich in mehrfacher Hinsicht zu einem Schicksalsschlag geworden. Er hat sein altes Leben zerstört, aber ein neues Leben ermöglicht. Es hat aus einem jungen Mann, der sich nahm, was er wollte, zur Not auch mit Gewalt, einen Mann gemacht, der sich dem Kampf für ein friedliches Miteinander und sozialer Gerechtigkeit verschrieben hat. Wenn man wirklich erntet, was man sät, dann kann sich Christoph schon mal auf die Ernte freuen. Er hat sein Feld wirklich verdammt gut bestellt.

SCHLUSSWORT

Wenn ich wüsste, dass Du, lieber Leser, mich jetzt sehen könntest, würde ich mit meinem von Alex so nett umschriebenen „Bademeistergrinsen" hinter der nächsten Tür hervorgesprungen kommen. Um Dich kurz zu erschrecken, aber eigentlich, um Dich zum Lächeln zu bringen.

Genau das möchte ich. Gerade, weil ich realisieren musste, wie schnell das Leben ziemlich dunkel werden kann. Mein neues Leben nach dem Schlag hat sich über viele Jahre genauso angefühlt. Auch, weil ich vieles einfach nicht verstanden habe.

Heute bin ich dankbar und glücklich darüber, dass ich einen Weg zurück ins Licht gefunden habe. Dabei spielen die hier im Buch beschriebene Bewusstseinsveränderung und mein dadurch entstandenes Herzensprojekt, die First-Togetherness, eine wichtige Rolle. Den tatsächlichen Wert dieser Bewusstseinsveränderung spiegelt mir auch gerade dieses Buch wider. Ich habe sehr viel aus meinem früheren Leben einfach vergessen. Selbst die Momente, von denen ich glaube, mich noch an sie erinnern zu können, bestehen lediglich als faktisches Wissen, nicht aber als tief in mir drin verankertes Gefühl.

Ich bin mir zum Beispiel erst beim Schreiben dieses Buches darüber klar geworden, dass ich Lisa damals nicht zufällig in der Disco Dinis gesehen habe, sondern in der Hoffnung dorthin gefahren bin, sie zu treffen. Ich erkläre regelmäßig, dass ich mich früher öfters mal geschlagen habe, aber mir war nicht bewusst, dass ich dazu bereit war, Lisas Freund Kai mal eben „umzuboxen".

Diese und andere Erkenntnisse aus der Arbeit an *Schicksalsschlag* helfen mir dabei, meine eigene Geschichte noch besser zu begreifen und vor allem, die Vergangenheit Vergangenheit sein zu lassen, um irgendwann endlich mit ihr abschließen zu können.

Abschließen heißt auch neu anfangen. Die „Helden"-Gala hat die Tür für meinen Neuanfang aufgestoßen, und was ich in dieser neuen Welt erleben darf, ist zum Teil unbeschreiblich schön. Mit den folgenden Sätzen beginnt der Song „Helden" von Joe Eilers.

„Es ist an der Zeit – wieder nach oben zu sehen.

Der Himmel bricht endlich auf – ich kann die Helden schon sehen."

Vor einiger Zeit schrieb mich ein gewisser Joe Eilers bei Facebook an, um mir zu erklären, dass er mein Engagement toll finde. Wir schrieben ein paarmal hin und her, dann brach der Kontakt wieder ab. Kurz vor der Abgabe dieses Buches, schickte mir Joe eine weitere Nachricht mit einer Audiodatei. Ich drückte auf „Play". Es handelte sich um einen Song, schon der Anfang gefiel mir. Mit jeder Zeile faszinierte mich der Song mehr, und am Ende lag ich in meinem Bett, fing innerlich an zu tanzen und war komplett geflasht. Was nicht nur an der wunderbaren Ohrwurmmelodie lag, sondern vor allem an dem Text: „Es ist an der Zeit, wieder nach oben zu sehen", heißt es, „der Himmel bricht endlich auf, ich kann die Helden schon sehen." Und weiter: „Helden gibt's nicht nur in Filmen, Helden sind auch real. Helden brauchen keine Capes, Helden haben die Wahl." Beim Schreiben dieser Zeilen bekomme ich schon wieder eine Gänsehaut.

Natürlich schrieb ich Joe und bedankte mich für seinen wunderbaren Song, der so eine besondere Wirkung bei mir entfaltet hat. Als ich im Internet über Joe recherchierte, erfuhr ich, dass er an Lungenkrebs leidet und gerade erst den Kampf gegen das Coronavirus gewinnen konnte. Joe schickte mir Fotos, die ihn und seine Frau dabei zeigen, wie sie Lunchpakete für bedürftige Kinder verteilen. Und er verriet mir, dass er die Einnahmen seines „Helden"-Songs an eine gemeinnützige Organisation spenden möchte.

Vielleicht ahnst Du, lieber Leser, was jetzt kommt. Kurz darauf meldete sich Joe erneut bei mir und erklärte, dass er sich in Absprache mit seinem Team dazu entschieden habe, die Einnahmen an meine First-Togetherness zu spenden. Kann mich mal bitte jemand kneifen? Ich nutze diese Gelegenheit, um mich noch vor der Danksagung bei Joe und seinen Helden für diesen unverhofften und wunderbaren Abschluss meines Buches zu bedanken.

Eine Zeile aus Joes Song ist mir besonders in Erinnerung geblieben: „Helden leben nicht im Dunkeln. Wahre Helden brauchen Licht."

Deshalb möchte ich an dieser Stelle die Gelegenheit wahrnehmen, und meinem Täter die Hand ausstrecken. Ihm sagen, dass mein Hass und meine Wut verflogen sind. Dass ich gelernt habe, dass auch ich ein Täter hätte sein können. Der Grat zwischen zuschlagen und geschlagen werden ist sehr schmal. Ich habe ihn mehr als einmal überschritten.

Ich verstehe jetzt, dass Du, Kai, all das nie gewollt hast. Und die Nacht im Dinis auch für Dich ein Schicksalsschlag war. Für mich geht es nicht darum, dass man sich schämt, wenn man einen Fehler gemacht hat. Entscheidend ist, wie man anschließend damit umgeht.

Ich strecke diese Hand nicht das erste Mal aus. Ich bin auch nicht in der Position, dieses Angebot zu machen. Ich bin trotz allem noch immer das Opfer, und eigentlich müsstest Du mir die Hand reichen und mir aufhelfen. Ich weiß, dass Du versucht hast mich zu kontaktieren.

Allerdings zum falschen Zeitpunkt. Ich weiß nicht, warum Du Dich in den Jahren danach nie gemeldet hast. Aber vielleicht wirst Du es mir ja erzählen. Ich bin bereit. Vielleicht finden wir gemeinsam einen Weg, um mit diesem ganzen Drama vernünftig abzuschließen.

DANKSAGUNG

Christoph Rickels

Zuallererst möchte ich mich bei meiner Mutter und meiner Großtante Fita bedanken. Einer von euch beiden war am Anfang immer bei mir im Krankenhaus und hat sein eigenes Leben quasi vergessen, damit ich mich an meines wieder erinnern kann. Fita, Du warst für mich in dieser Zeit wie eine Mutter, und ich werde nicht aufhören, dafür Danke zu sagen. Selbst nach den unglaublich anstrengenden Monaten im Krankenhaus wart Ihr und mit Euch die ganze Familie immer für mich da. Mama, Du hast es sogar noch fertiggebracht, Dich mit Behörden, Anwälten, Gerichten und Versicherungen herumzuschlagen, während Du Deine Firma am Laufen gehalten hast und zeitgleich beim Hausbau von einem miesen Architekten und Bauunternehmer übers Ohr gehauen wurdest. Außerdem hast Du meine ganzen Konflikte koordiniert und Dich um Deine Tochter gekümmert. Mama, ich bin so stolz auf Dich und danke Dir von ganzem Herzen. So viel Last auf Deinen schmalen Schultern – für mich bist Du stärker als die größten Muskelprotze dieser Welt.

Lieber Papa, auch wenn Du das hier leider nicht lesen kannst, möchte ich auch Dir danken. Ich glaube wirklich, dass Du Dir den ganzen juristischen Krieg, den ich hier seit so vielen Jahren durchstehen muss, aus dem Himmelsfenster angeschaut hast. So viele Jahre habe ich durchgehalten, und als ich kurz davor war, beinahe aufzugeben zu müssen, sah ich Dich von da oben grinsen und sagen: „So was macht ihr mit meinem Jungen nicht." Nur dank Deinem Erbe habe ich weiterkämpfen können. Und ich glaube, Du findest das ziemlich gut.

Danke auch an den Rest meiner Familie und den engsten Leuten, auch ihr habt damals einen schweren Schicksalsschlag erlitten und musstet irgendwie damit klarkommen. Oma Christa und Opa Wilhelm haben mit über 80 noch die Kraft, im Garten zu arbeiten und gehen erst dann ins Haus, wenn es draußen Ziegelsteine regnet. Immerhin habt ihr euch mal dazu überreden lassen, einen automatischen Rasenmäher zu kaufen. Ansonsten ist alles so wie immer, wenn ich euch besuchen komme. Danke für dieses wunderbare Gefühl von Heimat und Geborgenheit!

Es gibt sehr viele Menschen, die mich mit der First-Togetherness auf unterschiedlichste Art und Weise unterstützt haben, und ich möchte wirklich jedem aus tiefstem Herzen dafür danken. Jeder hat auf seine Art dazu beigetragen, dass First-Togetherness heute das ist, was es ist. Ein gesellschaftliches Bewusstsein, das hoffentlich immer weiter Fuß fasst.

Ein großes Danke geht dabei vor allem an meinen „Medienpapa" Jan von Frenckell. Jan war und ist einer dieser Unterstützer und hat bei mir einen nachhaltig positiven Eindruck hinterlassen und mir dadurch Halt gegeben. Nicht nur als Helfer, sondern auch als Freund. Ich habe schon sehr viele prominente Persönlichkeiten kennenlernen dürfen und habe mich mit allen sehr gut verstanden. Ich glaube, dass jeder zugesagt hätte, wenn ich ihn gebeten hätte, das Vorwort für mein Buch zu schreiben. Aber es war Jan, der mich mit der „Helden"-Auszeichnung quasi wiederbelebt hat und der deshalb auch die beste Wahl für das Vorwort war.

Dank Jan habe ich viele prominente Unterstützer kennengelernt und dank Jan bin ich laut Jörg Pilawa heute das Maskottchen für die alljährlich stattfindende „Helden"-Gala. Ich bekomme immer wieder gute Ratschläge, tolle Kontakte und viele andere Arten der Unterstützung. Und auch ich werde immer versuchen, mit meinen Möglichkeiten zu unterstützen. Ich hoffe, dass ich auf diesem Wege zumindest das Bewusstsein zurückgeben kann, dass ich meine Lebensweisheit nicht nur rausposaune, sondern auch vorlebe.

Ich bedanke mich natürlich auch bei jedem, der dabei geholfen hat, dass dieses Buch entstehen konnte. Nur durch Eure Erinnerungen konnte dieses Buch ein ganzes Buch werden.

Dank Euch allen führe ich heute wieder ein Leben, dass mir bei all den schweren Aufgabe auch sehr viel Freude bereitet.

Es ist der Mut, der mir die Kraft zum Leben schenkt,
Es ist die Sonne, die mich Tag für Tag durchs Leben lenkt.
Ich bin jetzt stark genug, Mensch, mach doch, was Du willst,
Wenn Du Dich dadurch ehrlich so viel besser fühlst.
Ich denk jetzt mehr an mich, das tat ich vorher nicht.
Es war die Angst davor, dass mir dadurch mein Herz zerbricht.

Das ist der Refrain aus meinem letzten eigenen Song, den mein Onkel Dieter, produziert und mit mir aufgenommen hat. Diese letzte Musikaufnahme hat absolut Studioqualität, begeistert bis jetzt wirklich jeden Zuhörer und vermittelt eine Botschaft, die ich auch Dir, lieber Leser, ans Herz legen möchte. Wenn Du etwas als richtig empfindest, dann mach das bitte auch. Hör ruhig auf Ratschläge, wäge Alternativen ab, aber ignoriere niemals Dein Herz, weil Du denkst, mit der Masse mitschwimmen zu müssen. Habe den Mut und bleibe bitte bei Dir selber und lass Dich von der Sonne durchs Leben lenken.

Man erntet was man sät!

DANKSAGUNG
Alex Raack

Danke an Christoph, dass er mir seine Geschichte erzählt hat.

Danke seinen Familienmitgliedern, Freunden, Bekannten und Wegbegleitern, dass sie mitgeholfen haben, diese Geschichte auch vollständig erzählen zu können.

Großes Dankeschön an die Elisabeth-Ruge-Agentur und das Team von Edel Books.

Besonderen Dank an meine Frau Rebecca. Du bist mein ganz persönlicher Superheld.

LINKTIPPS

www.polizei-beratung.de/opferinformationen

https://subvenio-ev.de (Aufklärung, Prävention, Unterstützung und Beratung für Unfallopfer)

http://www.verkehrsopferhilfe.de

https://www.odabs.org (Online Datenbank für Betroffene von Straftaten)

https://www.hilfetelefon.de (Hilfetelefon „Gewalt gegen Frauen")

www.frauen-gegen-gewalt.de

www.youth-life-line.de (Online-Beratung für Jugendliche und junge Erwachsene in akuten Krisen)